Crítica da crítica

FUNDAÇÃO EDITORA DA UNESP

Presidente do Conselho Curador
Mário Sérgio Vasconcelos

Diretor-Presidente
Jézio Hernani Bomfim Gutierre

Editor-Executivo
Tulio Y. Kawata

Superintendente Administrativo e Financeiro
William de Souza Agostinho

Conselho Editorial Acadêmico
Áureo Busetto
Carlos Magno Castelo Branco Fortaleza
Elisabete Maniglia
Henrique Nunes de Oliveira
João Francisco Galera Monico
José Leonardo do Nascimento
Lourenço Chacon Jurado Filho
Maria de Lourdes Ortiz Gandini Baldan
Paula da Cruz Landim
Rogério Rosenfeld

Editores-Assistentes
Anderson Nobara
Jorge Pereira Filho
Leandro Rodrigues

Tzvetan Todorov

Crítica da crítica
Um romance de aprendizagem

Tradução
Maria Angélica Deângeli
Norma Wimmer

© Éditions du Seuil, 1984
© 2013 Editora Unesp

Título original: *Critique de la critique: un roman d'apprentissage*

Direitos de publicação reservados à:
Fundação Editora da Unesp (FEU)
Praça da Sé, 108
01001-900 – São Paulo – SP
Tel.: (0xx11) 3242-7171
Fax: (0xx11) 3242-7172
www.editoraunesp.com.br
www.livrariaunesp.com.br
feu@editora.unesp.br

CIP – Brasil. Catalogação na publicação
Sindicato Nacional dos Editores de Livros, RJ

T572c
Todorov, Tzvetan, 1939-
    Crítica da crítica: um romance de aprendizagem / Tzvetan Todorov; tradução Maria Angélica Deângeli, Norma Wimmer. – 1.ed. – São Paulo: Editora Unesp, 2015.

    Tradução de: *Critique de la critique: un roman d'apprentissage*
    ISBN 978-85-393-0609-1

    1. Crítica literária. 2. Literatura. I. Título.

15-26160   CDD: 301
                                                              CDU: 316

Editora afiliada:

Sumário

Explicações liminares . *7*

A linguagem poética (os Formalistas russos) . *19*

O retorno do épico (Döblin e Brecht) . *49*

Os críticos-escritores (Sartre, Blanchot, Barthes) . *71*

O humano e o inter-humano (Mikhail Bakhtin) . *111*

Conhecimento e engajamento (Northrop Frye) . *141*

    Crítica I . *142*

    Literatura I . *150*

    Literatura II . *152*

    Crítica II . *163*

A crítica realista (Correspondência com Ian Watt) . *167*

Tzvetan Todorov

A literatura como fato e valor (Conversa com Paul Bénichou) . *191*

A literatura . *193*

Definição . *193*

Arte e ideologia . *196*

Determinismo e liberdade . *201*

A crítica . *211*

Métodos críticos? . *211*

Nova crítica? . *213*

Críticas externas? . *215*

A crítica estrutural . *217*

A crítica do inconsciente . *219*

A crítica sociológica . *222*

Prática da pesquisa . *223*

Submeter-se ao outro . *226*

Assumir-se a si mesmo . *229*

Antinomias . *232*

Uma crítica dialógica? . *235*

Referências bibliográficas . *255*

Explicações liminares

I

Parece que os franceses não leem. E, ainda, nas desalentadoras estatísticas aparecem, indistintamente, alta e baixa literatura, guias turísticos e livros de receitas culinárias. Os livros sobre os livros, também intitulados críticas, atraem apenas a atenção de uma pequena minoria desse grupo já bastante restrito: alguns estudantes, alguns apaixonados. Mas a crítica da crítica é um excesso, sinal, sem dúvida, da futilidade dos tempos: quem teria algum interesse por ela?

Poderia defender o tema de meu livro argumentando que a crítica não constitui um apêndice superficial da literatura, mas sim seu duplo necessário (o texto jamais pode *dizer* toda sua verdade), ou que o comportamento interpretativo é infinitamente mais comum do que o é a crítica, e que, finalmente, o interesse desta reside em profissionalizá-lo, em evidenciar o que, aliás, acaba sendo apenas prática inconsciente. Mas esses argumentos, em si bastante convincentes, não me interessam aqui: meu propósito não é defender ou legitimar a crítica.

Qual é, então?

Meu interesse refere-se a dois temas sobrepostos e, em cada um deles, persigo um duplo objetivo.

Primeiro, gostaria de observar como foi pensada a literatura e a crítica no século XX – e, *ao mesmo tempo*, procurar saber com o que se pareceria um pensamento correto sobre a literatura e sobre a crítica.

Depois, gostaria de analisar as grandes correntes ideológicas desta época, a maneira como se manifestam por meio da reflexão sobre a literatura – e, *ao mesmo tempo*, procurar saber qual posição ideológica é mais defensável que as outras. A escolha da reflexão crítica é contingente na perspectiva deste segundo tema: ocorre que esta tradição me é familiar. Dito de outra maneira, a história da sociologia, por exemplo, ou a história das ideias políticas teriam também podido servir para garantir meu acesso a essas questões mais gerais. Esta busca de uma posição ideológica que me seja própria aparece em último lugar em minha enumeração, mas é ela quem fundamenta, ou talvez mesmo motiva, todas as outras interrogações.

Resumindo, este livro tratará, de forma concomitante, do sentido de algumas obras críticas do século XX e da possibilidade de opor-se ao niilismo, sem deixar de ser ateu.

Como explicar a necessidade de tratar simultaneamente de dois temas, estando, cada um ainda, desdobrado em seu interior? Renunciar à generalidade e ao julgamento teria parecido ingênuo ou desonesto, significaria encerrar a investigação pelo meio. Renunciar à matéria particular e à interrogação detalhada teria me colocado ao lado daqueles que detêm a verdade, e cuja

Crítica da crítica

única preocupação é saber como expor a verdade para melhor impô-la. Ora, de minha parte, contento-me em procurá-la (o que já é bastante ambicioso) e cheguei a acreditar que a forma mais apropriada para esta procura é um gênero híbrido: uma narrativa — mas exemplar; no caso, a história de uma aventura do espírito, a reflexão sobre a literatura no século XX, através da qual se lê, em transparência, uma busca da verdade. Uma narrativa exemplar, por mim proposta e não imposta, para incitar meu interlocutor à reflexão ou então, dito de outra maneira, para iniciar uma discussão.

A escolha dos autores dos quais falo deveu-se a vários critérios objetivos e subjetivos.

O período da história pelo qual me interesso é o dos meados do século XX, entre 1920 e 1980; todos os autores analisados (exceto um, Döblin) nasceram entre 1890 e 1920, eles pertencem à geração de meus pais.

Limitei-me, ainda, a textos redigidos em francês, inglês, alemão e russo, e deixei de lado os outros.

Procurei também a variedade. Analiso representantes de diversas correntes críticas e mesmo de diversas famílias de pensamento: historiadores, bem como autores dogmáticos e científicos, pensadores religiosos e militantes políticos, ensaístas e escritores.

Este gênero de considerações, evidentemente, não basta para explicar por que razão selecionei uma dezena de nomes entre as centenas possíveis. Pretendi levar em conta a notoriedade pública, mas esta também não basta para explicar minha escolha. A única explicação verdadeira é esta: escolhi os autores pelos quais me sinto mais atraído. Não falo de Freud, nem de Lukács, nem de Heidegger, e talvez eu esteja errado; a reflexão deles, em si mesma notável, não provoca, em mim, reações que eu mesmo julgue interessantes. E como apenas uma certa representatividade – e não a exaustividade – é meu objetivo, penso que esse critério de correspondência secreta, de diálogo possível, é legítimo. Alguns dos autores dos quais falo me são, hoje, mais próximos do que outros – isso é incontestável; mas todos me inspiraram em um momento ou outro, e continuo a admirá-los, a todos.

Devo, ainda, acrescentar uma palavra mais pessoal. Este livro representa a última parte de uma pesquisa iniciada há alguns anos com *Teorias do símbolo* (1977) e *Simbolismo e interpretação* (1978); seu projeto inicial lhes é contemporâneo. Nesse meio tempo, um outro tema, o da alteridade, tornou-se o centro de minha atenção. Este, não apenas atrasou a realização do antigo projeto, mas trouxe-lhe modificações internas. No entanto, o projeto proposto nos dois primeiros livros continua presente na concepção deste trabalho; esta é a razão pela qual gostaria de recordar alguns de seus elementos essenciais.

II

Não basta escolher autores do século XX, para ter certeza da modernidade de seu pensamento. Na linha do tempo, sempre coexistem momentos do passado mais ou menos longínquo, do presente e mesmo do futuro. Se pretendo interrogar o pensamento crítico representativo deste século, a objetividade cronológica é insuficiente; é preciso, ainda, ter a certeza de que os autores em questão não se contentam em repetir ideias preconcebidas e em confirmar a tradição; é preciso ter certeza de que eles exprimem o que é específico de sua época. Para

Crítica da crítica

operar essa divisão, torna-se necessário esboçar um quadro, ainda que geral e reduzido, da herança do passado com a qual eles se confrontam.

Nossas ideias sobre a literatura e sobre a interpretação nem sempre foram as mesmas. A própria constituição da noção de "literatura", com seu conteúdo atual, é um fato recente (do final do século XVIII). Antes, reconhecíamos os grandes gêneros (poesia, epopeia, drama), assim como os menores, mas o conjunto no qual estão incluídos é algo mais vasto que nossa literatura. A "literatura" nasceu da oposição à linguagem utilitária cuja justificativa encontra-se fora de si mesma; por contraste, ela é um discurso que se basta a si mesmo. Consequentemente, serão desvalorizadas as relações entre as obras e aquilo que elas designam, exprimem ou ensinam, isto é, entre elas e tudo o que lhes é exterior; por outro lado, uma atenção maior será dada à estrutura da própria obra, ao entrelaçamento interno de seus episódios, temas, imagens. Desde os românticos até os surrealistas e o Novo Romance, as escolas literárias invocaram esses princípios essenciais, divergindo, no entanto, nos detalhes ou na escolha do vocabulário. Quando o poeta Archibald McLeish escreve em um poema programático:

Um poema não deve significar
Mas ser,

ele apenas leva ao extremo esta propensão à imanência: o próprio sentido é percebido como algo muito exterior.

Santo Agostinho, autor representativo do modo "clássico" de pensar, formulava, em *A doutrina cristã*, uma oposição fundamental, aquela entre utilizar e fruir:

Fruir, com efeito, é aderir a uma coisa por amor a ela própria. Utilizar, ao contrário, é orientar o objeto de que se faz uso para o objeto que amamos, se este for digno de ser amado.[1, 2]

Esta distinção tem um prolongamento teológico: no final das contas, nada, exceto Deus, merece fruição; nada merece ser amado por si mesmo. Agostinho desenvolve essa ideia falando do amor que o homem pode dedicar ao homem:

> Trata-se de saber se o homem deve ser amado por seu semelhante em razão de si mesmo ou por outra razão. Se for em razão de si mesmo, nós dele fruímos; se for por outra razão, nós nos servimos dele. Ora, me parece que o homem deve ser amado por outra razão. Pois é no Ser que deve ser amado por si mesmo que se encontra a bem-aventurança. Ainda que não possuamos essa bem-aventurança em sua realidade, a esperança de possuí-la nos consola, no entanto, aqui. Entretanto, maldito é aquele que deposita sua esperança no homem. Todavia, a observar com precisão, ninguém deve fruir de si próprio; pois seu dever é o de se amar, não por si mesmo, mas por Aquele de quem deve fruir.[3]

Em Karl Philipp Moritz, um dos primeiros porta-vozes da revolução "romântica", no final do século XVIII, a hierarquia

---

1 Santo Agostinho, *A doutrina cristã*, I, IV, 4.
2 Todas as referências — as quais, salvo indicação contrária, remetem às edições originais — aparecerão no texto, às vezes reduzidas. No final do livro encontra-se uma lista das referências completas, com indicação das traduções existentes.
3 Santo Agostinho, *A doutrina cristã*, I, XXII, 20-1.

Crítica da crítica

se encontra substituída pela democracia, a submissão pela igualdade; qualquer criação pode e deve tornar-se objeto de fruição. À mesma pergunta — o homem pode tornar-se objeto de fruição? — Moritz responde, através de um elogio ao homem:

> O homem deve aprender a sentir, novamente, que ele existe para si mesmo — ele deve sentir que, em todo o ser que pensa, o todo existe em relação a cada indivíduo, exatamente como cada indivíduo existe em relação ao todo. Nunca devemos considerar cada homem em particular como um ser apenas útil, mas também como um ser *nobre*, que tem seu próprio valor em si mesmo. O espírito do homem é um todo perfeito em si.[4]

Assim, inaugura-se a nova sociedade da fruição. Alguns anos mais tarde, Friedrich Schlegel colocará em evidência a continuidade da estética com a política, não mais com a teologia:

> A poesia é um discurso republicano, um discurso que constitui para si mesmo sua própria lei e seu próprio fim, e do qual todas as partes são cidadãos livres que têm o direito de se pronunciar para se entender.[5]

Trata-se, portanto, de uma concepção *imanente* da literatura, que corresponde à ideologia dominante da época moderna (uso o termo "ideologia" no sentido de sistema de ideias, de crenças, de valores comuns aos membros de uma sociedade, sem opô--lo à consciência, ou à ciência, ou à verdade etc.). Será ainda

---

4 Moritz, *Schriften zur Aesthetik und Poetik*, p.15-6.
5 Schelegel, F., *Fragments critiques*, 65.

13

de estética que fala Novalis ao declarar: "Não mais vivemos a época em que dominavam formas universalmente admitidas"? A substituição da busca de uma transcendência pela afirmação do direito de todo indivíduo de julgar-se em função de seus próprios critérios remete tanto ao ético e ao político quanto ao estético: os Tempos modernos serão marcados pelo advento do individualismo e do relativismo. Dizer que a obra é regida apenas pela coerência interna e sem referência a absolutos externos, que seus sentidos são infinitos e não hierarquizados, é também participar dessa ideologia moderna.

Nossa ideia acerca da interpretação sofreu uma evolução paralela. Nada marca melhor a ruptura com as concepções anteriores do que a exigência, formulada por Spinoza no *Tratado teológico-político*, de renúncia à busca da verdade dos textos para a única preocupação com seu sentido. Mais exatamente, Spinoza, confiante em sua separação entre fé e razão e, portanto, entre verdade (ainda que religiosa) e sentido (no caso, dos livros sagrados), começa por denunciar a divisão entre meios e fim, na estratégia patrística anterior:

> A maior parte dos intérpretes coloca, em princípio (para compreendê-lo com clareza e para interpretar seu verdadeiro sentido), que a Escritura é, por toda parte, verdadeira e divina, enquanto deveria ser a conclusão de um exame severo, que não deixasse subsistir em si nenhuma dúvida; o que o estudo delas demonstraria muito melhor, sem o recurso de qualquer ficção humana, eles o colocam logo de partida, como regra de interpretação.[6]

---

6 Spinoza, Préface. In:_____, *Traité théologico-politique*, p.24.

Crítica da crítica

A crítica de Spinoza refere-se à estrutura e não ao conteúdo: não se trata de substituir uma verdade por outra, mas de, no trabalho de interpretação, mudar a verdade de lugar: antes de servir-lhe de princípio condutor, o novo sentido deve ser o resultado do trabalho de interpretação; e não se pode buscar uma coisa usando essa mesma coisa. A busca do sentido de um texto deve ser realizada sem referência à sua verdade. A filosofia do século XIX tornará seu esse postulado de Spinoza e, ainda que o debate tenha perdido sua atualidade, um Boeckh julga necessário afirmá-lo em sua *Encyclopädie und Methodologie der philologischen Wissenschaften* (1886):

> É totalmente anti-histórico recomendar, na interpretação da Santa Escritura, que tudo deve ser explicado em conformidade com a *analogia fidei et doctrinae*; aqui, os próprios parâmetros que devem nortear a interpretação não são claramente estabelecidos, pois a doutrina religiosa, nascida da interpretação da Escritura, tomou formas muito diferentes. A interpretação histórica deve estabelecer apenas aquilo que querem dizer as obras de linguagem, pouco importando que seja verdadeiro ou falso.[7]

Vemos de que maneira se operou uma evolução imperceptível: começa-se por renunciar ao uso de um saber preliminar sobre a verdade do texto como meio para interpretá-lo; acaba-se por declarar não pertinente qualquer questão relacionada à sua verdade. Por "verdade" é preciso compreender aqui não uma adequação factual, de qualquer modo impossível de ser estabe-

---

7 Boeckh, *Encyclopädie und Methodologie der philologischen Wissenschaften*, p.120-1.

lecida no caso da Bíblia, mas a verdade humana geral, a justiça e a sabedoria. Após Spinoza, a interpretação não necessita mais da pergunta: "este escrito fala a verdade?", mas apenas "o que ele diz exatamente?". A interpretação tornou-se, ela também, imanente: na ausência de qualquer transcendência comum, cada texto será seu próprio limite de referência, e a tarefa do crítico será limitada ao esclarecimento de seu sentido, à descrição das formas e do funcionamento textuais, e se distanciará de qualquer julgamento de valor. Imediatamente, estabelece-se uma ruptura qualitativa entre o texto estudado e o texto do estudo. Se a interpretação se preocupasse com a verdade, ela se situaria no mesmo nível da obra comentada, e as duas remeteriam ao mesmo objeto. Mas a diferença entre as duas é radical: o texto estudado torna-se um objeto (uma linguagem-objeto) e a interpretação alcança a categoria de metalinguagem.

Ainda aqui, a diversidade do vocabulário, bem como o fato de a ênfase ser colocada sobre esta ou aquela parte do programa, contribui para ocultar a unidade de uma tradição que domina a interpretação na Europa, há vários séculos. O que, hoje, chega à mente como encarnação central desse projeto é a crítica estrutural, quer tenha por objeto os temas (explorações do imaginário, obsessões conscientes ou inconscientes) ou o próprio sistema expressivo (procedimentos narrativos, figuras, estilo). Mas, a crítica histórica e filológica, tal como praticada a partir do século XIX, é igualmente fiel ao projeto imanentista, pois o sentido de cada texto apenas pode ser estabelecido em relação a seu contexto particular, e a tarefa do filólogo é a de explicitar esse sentido, sem emitir nenhum julgamento acerca dele. Mais próxima a nós, a crítica de inspiração niilista (e não mais positivista, como a filologia), a qual demonstra que tudo

Crítica da crítica

é interpretação e que o escritor se empenha em subverter sua própria ideologia, também permanece no interior do mesmo programa, tornando mais quimérica do que nunca qualquer esperança de alcançar a verdade.

Talvez agora se perceba melhor o que está em jogo no debate. A reflexão sobre a literatura e sobre a crítica participa dos movimentos ideológicos que dominam a vida intelectual (e não apenas a intelectual) na Europa, durante o que se convencionou designar época moderna. Antes, acreditava-se na existência de uma verdade absoluta e comum, de padrão universal (que coincidiu, durante muitos séculos, com a doutrina cristã). O desmoronamento dessa crença, o reconhecimento da diversidade e da igualdade dos homens, conduzem ao relativismo e ao individualismo, e, finalmente, ao niilismo.

Posso então, agora, precisar a natureza do pensamento que busco na reflexão contemporânea sobre a literatura: meu interesse principal se voltará a tudo aquilo que permita superar a dicotomia, assim, esboçada. Mais exatamente, buscarei, nos autores que analiso, elementos de doutrina que coloquem em questão a estética e a ideologia "românticas" sem significar, neste sentido, um retorno aos dogmas "clássicos".

Esse uso das palavras entre aspas, e, notadamente, o da palavra "romântico", da qual lançarei mão com frequência, demanda algumas explicações. É que ocorrem várias diferenças entre o sentido aqui atribuído a este termo e aquele por ele tomado quando designa o movimento artístico do século XIX. Por um lado, incluo neste vocábulo fenômenos e ideias que não foram associados ao grupo romântico, como ocorre com o historicismo ou com o realismo. Por outro, afasto do sentido deste termo conotações que lhe são, frequentemente, associadas, em especial, uma valorização do irracional e a aspiração do artista em encarnar o absoluto.

A explicação da discordância entre o sentido corrente e o sentido aqui proposto pela palavra "romantismo" é simples: falo do que acredito ser o ideal comum do movimento e não do fenômeno histórico em si mesmo. O romantismo histórico e, mais ainda, o século XIX constituem, no plano ideológico, complexos heterogêneos nos quais coexistem, formando hierarquias diversas, elementos díspares, por vezes contraditórios. Ao mesmo tempo, insisto em empregar esse termo, pois foi em um grupo romântico — o primeiro, o de Iena, reunindo os irmãos Schlegel, Novalis, Schelling e alguns outros — que se formularam, com originalidade e força, as principais ideias da estética moderna.

Cada um dos capítulos que seguem, portanto, é construído sobre o mesmo modelo: procuro, inicialmente, indicar o que o autor analisado deve à ideologia romântica; atenho-me, em seguida, aos elementos de seu pensamento, que, intencionalmente ou não, contestam esse modelo e o superam. O último capítulo tem um caráter aparentemente diferente, pois tomo a mim mesmo como objeto, procurando concentrar as aquisições dos capítulos precedentes. Mas, essa diferença é apenas superficial; sob certo ponto de vista, esses outros capítulos também contam minha própria história: fui, sou, esse "romântico" que procura pensar a superação do romantismo através da análise de autores com os quais, sucessivamente, me identifiquei. O movimento repetido de cada capítulo se combina, portanto, com outro, que é de gradação, e que culmina no final — sem que, no entanto, essa culminância constitua uma síntese. Dito de outra maneira, o que segue é apenas um romance — inacabado — de aprendizagem.

A linguagem poética
(os Formalistas russos)

Minha atitude com relação aos Formalistas russos (uso maiúscula quando falo desse grupo particular) mudou várias vezes, o que não é de se estranhar, visto que, agora, já faz mais de vinte anos que se tornaram familiares para mim. A primeira impressão era esta descoberta: podíamos falar de literatura de uma maneira alegre, irreverente, inventiva; esses textos tratavam, ao mesmo tempo, daquilo com que ninguém parecia se preocupar, e que, a meu ver, sempre pareceu essencial, o que se designava por uma expressão pouco condescendente: a "técnica literária". Foi esse entusiasmo que me levou a procurar um texto após outro (o que nem sempre é fácil), depois traduzi-los para o francês. Num segundo momento, acreditei ler em seus escritos a presença de um projeto "teórico", o da constituição de uma poética, mas que não era necessariamente coerente (e com razão: vários autores haviam escrito durante quase quinze anos), nem concluído; impunha-se, então, um trabalho de sistematização e de radicalização. Enfim, no decorrer de um terceiro momento, comecei a perceber os Formalistas como um fenômeno histórico: não era tanto o conteúdo de suas ideias que me interessava, mas sua lógica interna e seu lugar na história das ideologias. É esta última perspectiva que adoto também em minha investigação presente, restringindo-a a uma pequena parte de sua atividade, a saber, a definição da literatura ou, como eles preferem, da linguagem poética. Pequena, mas complexa: é que, como perceberemos, entre eles havia mais de uma definição do poético.

I

O que se poderia designar "teoria padrão" da linguagem poética entre os Formalistas russos aparece, de forma explícita, desde a primeira publicação coletiva do movimento, a primeira coletânea intitulada *Sborniki po teorii poèticheskogo jazyka* [Coletânea sobre a teoria da linguagem poética] (1916), de autoria de L. Yakubinsky, cuja participação no grupo formalista permanecerá marginal, mas que, à época, deu seu aval de linguista às teses lançadas por seus amigos; sua contribuição é, portanto, relevante. É com um vocabulário *grosso modo* linguístico e sob a perspectiva da descrição global dos diferentes usos da linguagem que Yakubinsky, assim, estabelece as bases de sua definição da linguagem poética:

> Devemos classificar os fenômenos linguísticos de acordo com a finalidade segundo a qual o locutor utiliza suas representações linguísticas em cada caso particular. Se ele as utiliza com a finalidade puramente prática da comunicação, trata-se do

Crítica da crítica

sistema da *linguagem prática* (do pensamento verbal), no qual as representações linguísticas (sons, elementos morfológicos etc.) não têm valor autônomo e são apenas um *meio* de comunicação. Mas podemos pensar em outros sistemas linguísticos (e eles existem), em que a finalidade prática recua para um segundo plano (embora não possa desaparecer totalmente), e as representações linguísticas adquirem um *valor autônomo*.[1]

A poesia é, precisamente, um exemplo desses "outros sistemas linguísticos". Mais ainda: ela é o exemplo privilegiado, de modo que uma equivalência pode ser estabelecida entre "poético" e "com valor autônomo", como testemunha este outro texto de Yakubinsky, publicado na terceira coletânea formalista, *Poètika* [Poética], de 1919:

> É preciso distinguir as atividades humanas que têm seu valor em si mesmas das atividades que buscam fins que lhe são externos, e que possuem um valor enquanto meios para atingir esses fins. Se designarmos a atividade do primeiro tipo poética...[2]

Isso parece simples e claro: a linguagem prática encontra sua justificativa fora de si mesma, na transmissão do pensamento ou na comunicação inter-humana; ela é o meio e não o fim; ela é, para empregar um termo erudito, *heterotélica*. A linguagem poética, em contrapartida, encontra sua justificativa (e, portanto, seu valor) em si mesma; ela é seu próprio fim e não

---

1 Yakubinsky, *Sborniki po teorii poèticheskogo jazyka*, p.16.
2 Id., *Poètika*, p.12.

mais um meio. Ela é, então, autônoma, ou ainda, *autotélica*. Essa formulação parece ter seduzido os outros membros do grupo, já que encontramos em seus escritos, à mesma época, frases bastante análogas. Por exemplo, Chklóvski, em seu artigo sobre Potebnia (1919), vai mais longe ao traduzir o autotelismo poético em termos de percepção (mas veremos que essa nuance não é fortuita):

> A linguagem poética distingue-se da linguagem prosaica pelo caráter sensível de sua construção. Podemos perceber o aspecto acústico ou o aspecto articulatório, ou, ainda, o aspecto sema-siológico. Às vezes, não é a estrutura das palavras que é sensível, mas sua construção, sua disposição.[3]

No mesmo ano, em seu livro a respeito de Khlébnikov, Jakobson revela essas fórmulas destinadas a se tornarem célebres e que permanecem em perfeita consonância com a definição de Yakubinsky:

> A poesia não é nada mais do que um *enunciado visando à expressão*. [...] Se as artes plásticas são a concretização do material das representações visuais com valor autônomo, se a música é a concretização do material sonoro com valor autônomo, e a coreografia, do material gestual com valor autônomo, então, a poesia é a concretização da palavra com valor autônomo, da palavra autônoma, como o afirma Khlébnikov.[4]

---

3 Chklóvski, Potebnja. In: *Poètika*, p.4.
4 Jakobson, La nouvelle poésie russe. In:＿＿＿＿＿, *Questions de poétique*, p.10-1.

Crítica da crítica

Essa visada da expressão, da massa verbal, que qualifico como momento único e essencial da poesia...[5]

Dizer que a poesia é uma linguagem autônoma ou autotélica implica atribuir a ela uma definição funcional: mais por aquilo que faz do que por aquilo que é. Quais são as formas linguísticas que permitem a essa função realizar-se? Como reconhecemos uma linguagem que encontra seu fim (e seu valor) em si mesma? Duas respostas serão propostas a essas questões nos trabalhos formalistas. Na primeira, a resposta, de alguma maneira substancial, toma a afirmação ao pé da letra: o que é uma linguagem que não remete a nada que lhe é externo? É uma linguagem reduzida à sua única materialidade, sons ou letras, uma linguagem que recusa o sentido. Essa resposta não é o fruto de uma pura dedução lógica; muito pelo contrário, é, provavelmente, sua presença preliminar no campo ideológico da época que leva os Formalistas a buscarem uma justificativa mais ampla para tanto e a construírem uma teoria da poesia como linguagem autotélica. Isso porque suas especulações teóricas estão estritamente ligadas à prática contemporânea dos futuristas; elas são, ao mesmo tempo, sua consequência e seu fundamento. O extremo dessa prática é o *zaum*, linguagem transmental, puro significante, poesia dos sons e das letras antes das palavras. Não é grande a distância, como vimos em Jakobson, que separa o *samovitoe slovo* (discurso autônomo) de Khlébnikov (que só pratica excepcionalmente o *zaum*) do *samocennoe slovo* (discurso com valor autônomo) dos Formalistas. Comentando retrospectivamente esse período, Eichenbaum tem razão de ver na "linguagem transmental" a expressão mais consistente da doutrina autotélica:

---

5 Ibid., p.41.

Tzvetan Todorov

[...] a tendência que os futuristas tinham de criar uma linguagem "transmental" enquanto revelação total do valor autônomo das palavras [...].[6]

Cerca de dez anos antes, Chklóvski se perguntava se toda poesia não era, de fato, transmental; os poetas, na maioria das vezes, só recorriam ao sentido com o objetivo de nele encontrarem uma "motivação" – uma camuflagem e uma desculpa:

O poeta não se decide a dizer a "palavra transmental"; normalmente, esconde-se o transmental sob a máscara de um conteúdo qualquer, muitas vezes enganador, ilusório, o que obriga os próprios poetas a admitirem que não entendem o sentido de seus versos. [...] Os fatos reportados nos levam a nos perguntar se, no discurso não declaradamente transmental, mas, simplesmente poético, as palavras sempre têm um sentido, ou se esta opinião é somente uma ilusão e o resultado de nossa falta de atenção.[7]

Jakobson pensa da mesma maneira:

A linguagem poética tende, em última instância, mais exatamente, para a palavra fonética; uma vez que a visada correspondente encontra-se presente, ela aspira à palavra eufônica, à palavra transmental.[8]

---

6 Eichenbaum, *Teorija formal'nogo metoda*. In:＿＿＿, *Literatura*, p.122.

7 Chklóvski, *O poèzii i zaumnom jazyke*. In: *Sborniki po teorii...*, p.10-1.

8 Jakobson, *La nouvelle poésie russe*. In:＿＿＿, *Questions de poétique*, p.68.

Crítica da crítica

Outros representantes do grupo não vão tão longe, mas concordam em reconhecer o valor essencial e, sobretudo, autônomo dos sons em poesia, como Yakubinsky:

> No *pensamento linguístico versificado*, os sons tornam-se objeto da atenção, revelam seu valor autônomo, emergem no campo claro da consciência.[9]

Ou Brik:

> Qualquer que seja a maneira com a qual concebemos as inter-relações da imagem e do som, uma coisa é incontestável: os sons, as consonâncias não são simplesmente um apêndice eufônico, mas o resultado de uma aspiração poética autônoma.[10]

No entanto, uma linguagem que recusa o sentido é ainda linguagem? Reduzir a linguagem ao estatuto de puro objeto físico, não seria obliterar seu traço essencial, som e sentido, presença e ausência, ao mesmo tempo? E por que daríamos uma atenção intransitiva àquilo que é apenas ruído? Levada ao extremo, essa resposta (à questão referente às formas da linguagem poética) revela seu absurdo, e esta é, sem dúvida, a razão pela qual, embora isso não seja explicitado entre os Formalistas, passamos a uma segunda resposta, mais abstrata e menos literal, mais estrutural e menos substancial, que consiste em dizer: a linguagem poética realiza sua função autotélica (ou

---

9 Yakubinsky, O zvukakh stikhotvornogo jazyka. In: *Sborniki po teorii...*, p.18-9.
10 Brik, Zvukovye povtory. In: *Poètika*, p.60.

seja, a ausência de toda função externa) ao ser mais sistemática do que a linguagem prática, ou cotidiana. A obra poética é um discurso superestruturado no qual tudo se sustenta: graças a isso, ele pode ser percebido em si mesmo ao invés de remeter a algo externo. É para excluir qualquer recurso a uma exterioridade com relação ao texto que Eichenbaum, em uma célebre análise de *O capote*, de Gógol (de 1918), recorre às metáforas da construção e do jogo – objeto ou atividade caracterizados por sua coerência interna ou pela falta de finalidade externa:

> [...] nem uma única frase da obra literária *pode* ser em si uma "expressão" direta dos sentimentos pessoais do autor, mas é sempre construção e jogo [...].[11]

Em um estudo publicado na mesma época ("Svjaz' priëmov..."), Chklóvski refere-se também a essa versão estrutural do autotelismo: nem tudo é, necessariamente, linguagem transmental em poesia e, sobretudo, em prosa; mas a própria prosa narrativa obedece às leis de combinação dos sons, às regras de construção responsáveis pela "instrumentação" fônica.

> Os métodos e procedimentos de composição do "tema" são semelhantes e, em princípio, pelo menos, idênticos aos procedimentos da instrumentação sonora. A obra verbal é um entrelaçamento de sons, de movimentos articulatórios e de pensamentos.[12]

---

11 Eichenbaum, Comment est fait *le Manteau* de Gogol. In: *Théorie de la littérature*, p.162.

12 Chklóvski, Rapports entre procédés d'affabulation et procédés généraux du style. In:_____, *Sur la théorie de la prose*, p.50.

Crítica da crítica

A afirmação do caráter sistemático da obra irrompe, então, na vulgata formalista, nas mais variadas formulações, desde a de Chklóvski:

> A obra é inteiramente construída. Toda sua matéria é organizada.[13]

até a de Tynianov:

> Para analisar este problema fundamental [da evolução literária] é preciso, antes, reconhecer que a obra literária é um sistema e que a literatura também o é. Uma ciência literária só pode ser construída sobre a base desta convenção.[14]

Jakobson passa igualmente de uma resposta à outra. Já vimos o papel que ele outorgava à poesia transmental. Mas, à época de seu livro sobre Khlébnikov, ele também recorreu a outras explicações. Uma dentre elas, que ocupa uma posição em suma intermediária, está ligada em sua formulação às lições de Kruszewski. Este último descreve sistematicamente as relações linguísticas, recorrendo à oposição entre semelhança e contiguidade, usual então nas obras de psicologias geral; a isso ele acrescenta um certo julgamento de valor, servindo-se dos termos, particularmente carregados de sentido político na Rússia, de "conservador" e "progressista":

> Sob determinado ponto de vista, o processo de evolução da língua aparece como o antagonismo eterno entre a força pro-

---

13 Id., *Tretja fabrika*, p.99.
14 Tynianov, O literaturnoj èvoljucii. In:_____, *Arkhaisty i novatory*, p.33.

Tzvetan Todorov

gressista, determinada pelas relações de semelhança, e a força conservadora, determinada pelas associações de contiguidade.[15]

A partir daí, o raciocínio de Jakobson se desenvolve da seguinte maneira: o heterotelismo da linguagem cotidiana se adapta bem às relações de contiguidade (portanto, arbitrárias) entre significante e significado; o autotelismo da linguagem poética será favorecido pelas relações de semelhança (motivação do signo); além disso, passamos de "progressista" à "revolucionário", o que, no contexto da época, permite a cada um dos termos, "poesia" e "revolução", lançar sobre o outro um olhar positivo:

> Nas linguagens emotiva e poética, as representações verbais (tanto fonéticas quanto semânticas) concentram sobre si mesmas uma atenção maior; o elo entre a parte sonora e a significação torna-se mais estreito, mais íntimo, e, consequentemente, a linguagem torna-se mais revolucionária, uma vez que as associações habituais de contiguidade recuam para um segundo plano.[16]
>
> [...]
>
> A associação mecânica por contiguidade entre o som e o sentido ocorre tanto mais rapidamente quanto mais for habitual. Daí o caráter conservador da linguagem cotidiana. A forma da palavra morre rapidamente. Em poesia, o papel da associação mecânica é reduzido ao mínimo.[17]

Essa substituição das associações por contiguidade pelas associações por semelhança (o que, aparentemente, esconde

---

15 Kruszewski, *Ocherk nauki o jazyke*, p.116-7.
16 Jakobson, La nouvelle poésie russe. In:_____, *Questions de poétique*, p.10.
17 Ibid., p.41.

Crítica da crítica

a relação "mais estreita, mais íntima" entre som e sentido) é, de fato, um reforço do caráter sistemático do discurso, pois a contiguidade é apenas outro nome do arbitrário, ou da convenção não motivada. Mas, ainda no mesmo trabalho, Jakobson considera também outra forma de motivação, não mais entre significante e significado (motivação de algum modo vertical), mas de uma palavra à outra, na cadeia do discurso (motivação "horizontal"); esta, uma vez mais, caminha na direção do sentido do autotelismo que define o enunciado poético: "Só percebemos a forma de uma palavra se esta forma se repetir no sistema linguístico".[18] É esta última maneira de ver as coisas que se tornará o credo de Jakobson quarenta anos mais tarde, e percebemos apenas diferenças terminológicas entre a frase de 1919 e aquelas, mais célebres, datando dos anos 1960. Por um lado, a linguagem poética se define por seu autotelismo:

> A visada da mensagem (*Einstellung*) enquanto tal, a ênfase posta na mensagem, por sua vez, é o que caracteriza a função poética da linguagem.[19]

Por outro lado, o autotelismo manifesta-se através desta forma particular da superestruturação que é a repetição:

> A função poética projeta o princípio de equivalência do eixo da seleção sobre o eixo da combinação.[20]

---

18 Ibid., p.48.
19 Jakobson, Linguistique et poétique. In:_____, *Essais de linguistique générale*, p.218.
20 Ibid., p.220.

Em todos os níveis da linguagem, a essência do artifício poético consiste em retornos periódicos.[21]

Tal é a primeira concepção formalista da linguagem poética – primeira não no tempo, mas, antes, na ordem de importância. Trata-se, então, de uma concepção original? Nunca ignoramos a filiação que leva aos futuristas russos. Mas esta é uma relação imediata que esconde mais do que revela o verdadeiro enraizamento ideológico das teorias formalistas. Entretanto, Jirmunski o havia assinalado desde o início dos anos 1920 (em "Zadachi poètiki"): o contexto da doutrina formalista da linguagem poética é a estética kantiana e, poderíamos acrescentar, sua elaboração posterior à época do romantismo alemão. A ideia do autotelismo como definição do belo e da arte provém diretamente dos escritos estéticos de Karl Philipp Moritz e de Kant; a própria solidariedade entre autotelismo e sistematicidade exacerbada encontra-se aí decididamente articulada, assim como, de resto, entre autotelismo e valor dos sons. Desde seu primeiro escrito estético (de 1785), Moritz declara que a ausência de finalidade externa deve ser compensada, na arte, por uma intensificação da finalidade interna:

Onde falta a um objeto utilidade ou finalidade externas é preciso buscá-las no próprio objeto, se este puder despertar prazer em mim; ou então: *devo encontrar nas partes isoladas deste objeto tanta finalidade que esqueço de perguntar: mas para que serve tudo isso?* Em outras palavras: diante de um belo objeto devo sentir prazer apenas por ele próprio. Com esse objetivo, a ausência de finalidade externa

---

21 Jakobson, Le parallélisme grammatical et ses aspects russes. In:_____, *Questions de poétique*, p.234.

Crítica da crítica

deve ser compensada por uma finalidade interna; o objeto deve ser algo totalizado em si mesmo.[22]

Shelling também afirma o mesmo: a perda de função externa é recompensada com um aumento da regularidade interna:

A obra poética [...] só é possível por meio de uma separação entre o discurso pelo qual se expressa a obra de arte e a totalidade da linguagem. Mas essa separação, por um lado, e esse caráter absoluto, por outro, não são possíveis se o discurso não tiver seu próprio movimento independente e, portanto, seu tempo, como os corpos do mundo; assim, ele se separa de todo o resto, obedecendo a uma regularidade interna. Do ponto de vista externo, o discurso movimenta-se livremente e de maneira autônoma, apenas em si mesmo ele é ordenado e submisso à regularidade.[23]

Ou, ainda, August Wilhelm Schlegel, que justifica precisamente as repetições fônicas (as exigências métricas do verso) pela necessidade de afirmar o caráter autônomo do discurso poético:

Quanto mais um discurso for prosaico, mais ele perde sua entonação musical, e articula-se apenas de maneira brusca. A tendência da poesia é exatamente inversa e, por conseguinte, pelo fato de anunciar que ela é um discurso que tem seu fim em si mesma, que não serve a nenhuma causa externa e que intervirá, portanto, em uma sucessão temporal determinada em outro

---

22 Moritz, *Schriften...*, p.6.
23 Shelling, *Philosophie der Kunst*, p.635-6.

Tzvetan Todorov

lugar, ela deve formar sua própria sucessão temporal. Somente assim o ouvinte será retirado da realidade e recolocado numa sequência temporal imaginária, percebendo uma subdivisão regular das sucessões, uma medida no próprio discurso; daí esse fenômeno maravilhoso, que em sua aparição mais livre, quando esta é empregada como puro jogo, a língua se desfaz voluntariamente de seu caráter arbitrário, o qual, sob uma outra perspectiva, aí reina de maneira firme, e se submete a uma lei aparentemente estranha a seu conteúdo. Essa lei é a medida, a cadência, o ritmo.[24]

Poderíamos nos perguntar se os Formalistas estavam conscientes dessa filiação. Mesmo que a resposta fosse negativa, não teria grande importância, já que eles podiam estar impregnados das ideias românticas sem se referir às fontes, recebendo-as por intermédio dos simbolistas franceses ou russos. Desta forma, podemos permanecer céticos diante das declarações de Jakobson quando, em 1933, ele refuta assimilações que lhe parecem abusivas:

Parece que essa escola [formalista] [...] prega a arte pela arte e caminha sobre os rastros da estética kantiana. [...] Nem Tynianov, nem Mukarovsky, nem Chklóvski, nem eu, pregaríamos que a arte basta a si mesma.[25]

Mas, de fato, os primeiros escritos de Jakobson, precisamente, contêm dois nomes chave: o de Mallarmé e o de Novalis. Ora, a estética do primeiro é apenas uma versão radical da

---

24 Schlegel, A. W., *Vorlesungen...*, p.103-4.
25 Jakobson, Qu'est-ce que la poésie? In:_____, *Questions de poétique*, p.123.

Crítica da crítica

doutrina romântica; quanto ao segundo, ele é um dos principais autores desta doutrina... Num texto mais tardio, Jakobson evoca a influência exercida outrora sobre ele por Novalis, da seguinte maneira:

> Mas, já bem antes [de 1915, ano em que leu Husserl], por volta de 1912 [ou seja, com 16 anos], como aluno do colégio, quando havia decididamente escolhido a linguagem e a poesia como objeto de futuras pesquisas, me deparei com os escritos de Novalis, e fiquei, para sempre, encantado por descobrir em sua obra, como, ao mesmo tempo, na de Mallarmé, a junção inseparável do grande poeta com o profundo teórico da linguagem. [...] A dita escola do Formalismo russo vivia seu período de germinação antes da Primeira Guerra mundial. A noção controversa de *autorregulação* [*Selbstgesetzmässigkeit*] *da forma,* para falar como o poeta, sofreu uma evolução nesse movimento, desde as primeiras tomadas de posição mecanistas até uma concepção autenticamente dialética. Essa última já encontrava em Novalis, em seu célebre "Monologue", uma incitação plenamente sintética – que, desde o princípio, havia me surpreendido e enfeitiçado.[26]

Filiação não significa identidade, e é verdade que nem A. W. Schlegel nem Novalis teriam podido escrever as análises gramaticais que Jakobson dedicou à poesia, assim como Baudelaire também não, a quem Jakobson gosta de se referir em seus escritos mais tardios. É que a opção ideológica (a definição da linguagem poética) que os Formalistas partilham com os românticos não basta para caracterizar de forma plena seu tra-

---

26 Id., Nachwort. In:_____, *Form und Sinn*, p.176-7.

balho; não é indiferente saber que Novalis escreve fragmentos poéticos e Jakobson, artigos em jornais literários. Resta que esta concepção particularmente popular dos Formalistas jamais lhes pertence de fato, e que, graças a ela, eles permanecem completamente dependentes da ideologia romântica.

II

Mas essa concepção da linguagem poética não é nem a única nem mesmo a primeira na história do Formalismo russo. Se nos voltarmos para a primeira publicação teórica de Chklóvski, "A ressurreição da palavra", que data de 1914, portanto de um momento anterior à constituição do grupo, nela encontraremos uma curiosa aliança da doutrina exposta precedentemente com outra, cuja diferença parece não ser percebida por Chklóvski, mas que, na verdade, só pode ser atribuída à primeira com muita dificuldade.

Por um lado, então, Chklóvski escreve:

> Se quisermos criar uma definição da percepção *poética* e, em geral, *artística*, encontraremos, com certeza, a definição: a percepção *artística* é aquela por ocasião da qual experimentamos a forma (talvez não somente a forma, mas necessariamente a forma).[27]

Conhecemos o tom geral, e, no entanto, também percebemos uma nuance, que estava igualmente presente nos textos evocados anteriormente e que parece ser a contribuição pessoal de Chklóvski à doutrina professada de maneira coletiva: em vez

---

27 Chklóvski, Voskreshenie slova. In: *Texte der russischen Formalisten*, p.2-4.

de descrever a própria obra, ou a linguagem poética, Chklóvski volta-se sempre para o processo de percepção. Não é a linguagem que é autotélica, é sua recepção pelo leitor ou ouvinte.

Ora, por outro lado, Chklóvski nos oferece também, por acaso, uma outra definição da arte, que, como veremos, está bastante ligada à percepção, mas, em contrapartida, renuncia ao autotelismo: "A sede do concreto, que constitui a alma da arte (Carlyle), pede renovação".[28] Carlyle, como sabemos, é apenas outro vulgarizador das ideias românticas, e sua concepção da arte é derivada da de Schelling: é a síntese do infinito com o finito, a encarnação da abstração nas formas concretas. Não abandonamos, então, a tradição romântica. Mas é, talvez, a um outro lugar comum da época que Chklóvski se refere, implicitamente (sobretudo se levarmos em consideração sua insistência sobre a percepção): o que populariza a estética do impressionismo. A arte renuncia à representação das essências e se liga à das impressões, das percepções; só existem visões individuais dos objetos, não objetos em si; a visão constitui o objeto, renovando-o. Aqui estamos mais próximos dos princípios relativistas e individualistas desta ideologia.

De qualquer maneira, Chklóvski parece não perceber, de modo algum, que essa função da arte (renovar nossa percepção do mundo) não pode mais ser assimilada ao autotelismo, ou ausência de função externa, igualmente característica da arte, e, nos textos posteriores, ele continua afirmando simultaneamente as duas coisas. A ausência de articulação é particularmente marcante em "A arte como procedimento", texto no qual introduzirá o famoso conceito de estranhamento (*ostranenie*),

---

28 Ibid., p.4.

ou distanciamento. Encontramos aqui exemplos, já citados em "A ressurreição da palavra", de uma poética "distante" ou "estranha" (o velho búlgaro na Rússia, Arnaut Daniel, a glosa de Aristóteles etc.), seguidos dessas afirmações:

> Assim, a língua da poesia é uma língua difícil, obscura, cheia de obstáculos. [...] Chegamos, assim, a definir a poesia como um discurso *difícil, tortuoso*.[29]

A primeira concepção da linguagem poética está, portanto, bastante presente. Mas ao lado dela, às vezes até mesmo inserida em seu interior, encontramos também a segunda, que carrega, de fato, a insistência de seu autor. Chklóvski escreve, então, de maneira perfeitamente incoerente com relação à primeira concepção:

> [...] a imagem poética [é um] meio de reforçar a impressão. [...] A imagem poética é um dos meios de criar uma impressão máxima. Como meio, em sua função, ela está na mesma condição dos outros procedimentos da língua poética, [...], de todos esses recursos próprios a reforçar a sensação produzida por um objeto (numa obra, as palavras e até os sons também podem ser objetos) [...].[30]

Vemos aqui como o parêntese tenta reconciliar as duas vertentes da doutrina: encontramos a doutrina do autotelismo artístico sob condição de esquecer que a arte é diferente do

---

29 Chklóvski, L'art comme procédé. In: *Théorie de la littérature*, p.21-2.
30 Ibid., p.9-10.

Crítica da crítica

resto do mundo! Mas a imagem-"meio" pode ser idêntica à imagem-"objeto", o "meio" ao "fim"? Ou ainda:

A finalidade da imagem não é aproximar de nossa compreensão a significação que carrega, mas criar uma percepção particular do objeto, criar a sua visão, e não o seu reconhecimento.[31]

A oposição linguagem poética/linguagem prática permanece bastante nítida e simples; entretanto, ela não opõe mais autotelismo a heterotelismo, mas o concreto ao abstrato, o sensível ao inteligível, o mundo ao pensamento, o particular ao geral. Às vezes, Chklóvski assume as duas posições numa frase, como na passagem central de seu ensaio:

E eis que para devolver a sensação de vida, para sentir os objetos, para sentir que a pedra é de pedra, existe o que chamam arte. A finalidade da arte é dar uma sensação do objeto como visão, e não como reconhecimento; o procedimento da arte é o procedimento de singularização dos objetos, e o procedimento que consiste em obscurecer a forma, em aumentar a dificuldade e a duração da percepção. O ato de percepção na arte é um fim em si e deve ser prolongado; *a arte é um meio de experimentar o vir a ser do objeto, o que já "veio a ser" não importa para a arte.*[32]

Até à palavra "distanciamento", estamos na segunda concepção formalista; a partir daí, e até o ponto e vírgula, voltamos à primeira, a menos que a arte seja concebida como um aparelho

---

31 Ibid., p.18.
32 Ibid., p.13.

de percepção, que ele próprio não precisa ser percebido. Se o processo de percepção torna-se um fim em si (graças à dificuldade da forma), percebemos menos o objeto, mas não mais; se o distanciamento fornece a definição da arte, o processo de percepção é imperceptível, é o objeto que vemos – como pela primeira vez...

Chklóvski não nos dá nenhuma pista de que esteja consciente das dificuldades que coloca. Que eu saiba, só encontramos uma tentativa para articular as duas concepções; ela aparece no estudo de Jakobson, "Qu'est-ce que la poésie?" [O que é a poesia?], quinze anos depois. Ao final de seu texto, Jakobson apresenta uma espécie de resumo da posição formalista e aborda também a definição da linguagem poética, ou da poeticidade:

> Mas como a poeticidade se manifesta? No fato de a palavra ser experimentada como palavra e não como simples representante do objeto nomeado, nem como explosão de emoção. No fato de que as palavras e sua sintaxe, sua significação, sua forma externa e interna não serem indícios indiferentes da realidade, mas possuírem seu próprio peso e seu próprio valor.[33]

Até aqui, trata-se de uma versão bastante pura da primeira concepção formalista, a do autotelismo. Mas a frase seguinte nos faz mudar de perspectiva:

> Por que tudo isso é necessário? Por que é preciso ressaltar que o signo não se confunde com o objeto? Porque juntamente com a consciência imediata da identidade entre o signo e o objeto (A é

---

33 Jakobson, Qu'est-ce que la poésie? In:_____, *Questions de poétique*, p.124.

Crítica da crítica

A_i) a consciência imediata da ausência dessa identidade (A não é A_i) é necessária; essa antinomia é inevitável, pois sem contradição não há jogo de conceitos, não há jogo de signos, a relação entre o conceito e o signo torna-se automática, a sequência dos acontecimentos cessa, a consciência da realidade desaparece. [...] É a poesia que nos protege contra a automatização, contra a inércia que ameaça nossa fórmula do amor e do ódio, da revolta e da reconciliação, da fé e da negação.[34]

Poderíamos interpretar esse raciocínio no espírito da semântica geral, à maneira de Korzybski: a relação automática entre palavras e coisas é nefasta para as duas, pois ela subtrai-lhes a percepção e favorece unicamente a intelecção. Se rompermos o automatismo, ganhamos dos dois lados: percebemos as palavras como palavras, mas, também, os objetos enquanto tais, como aquilo que são "verdadeiramente", fora de todo ato de nomeação...[35]

---

34 Ibid., p.124-5.

35 Encontramos uma assimilação bastante comparável, cerca de uns dez anos depois, na obra de Maurice Blanchot, para quem a percepção da linguagem como coisa leva também à percepção das coisas como tais: "O nome deixa de ser a passagem efêmera da não existência para se tornar algo concreto, um todo de existência; a linguagem, deixando esse sentido que ela gostaria de ser, procura fazer-se insensata. Tudo o que é físico desempenha um papel principal: o ritmo, o peso, a massa, a figura, e, depois, o papel sobre o qual escrevemos, o rastro de tinta, o livro. Sim, por sorte, a linguagem é uma coisa: é a coisa escrita, um fragmento de casca, um estilhaço de rocha, um pouco de argila no qual subsiste a realidade da terra. A palavra age não como uma força ideal, mas como uma potência obscura, como um encantamento que freia as coisas, torna-as *realmente* presentes fora de si mesmas" (*La Part du feu*, p.330).

Tzvetan Todorov

Sabemos que a palavra, e a ideia, de distanciamento conhecem uma grande fortuna; voltaremos a isso depois. Entretanto, não se tem certeza de que o papel do distanciamento na produção formalista seja muito importante. Chklóvski, é verdade, refere-se constantemente a esse conceito. Mas, nos escritos sistemáticos (por exemplo, "A teoria do 'método formal'", de Eichenbaum, ou *Théorie de la littérature* [*Teoria da literatura*], de Tomachevski, os dois datando de 1925), o procedimento em questão é mencionado, sem mais; não é, de modo algum, a definição da arte. Tomachevski, por exemplo, descreve o distanciamento como "um caso particular da motivação artística".[36] Qual teria sido o lugar do distanciamento no sistema estético dos Formalistas? Em primeiro lugar, poderíamos imaginar que fosse, como queria Chklóvski, a própria definição da arte. Mas, ainda que a origem desta segunda concepção da linguagem poética seja romântica, em sua forma à época, ela está em contradição direta com a primeira concepção: esta recusa, e aquela reivindica, qualquer função externa. A relação com o mundo exterior, rechaçada enquanto "imitação" da estética romântica, retorna numa relação mais instrumental: a arte como revelação (e não mais imitação) do mundo.

Em segundo lugar, poderíamos preservar a insistência contínua de Chklóvski com relação ao processo de percepção, e ver nesta ideia o esboço de uma teoria da leitura. Mas, neste sentido, a ideia também está em contradição com a grande corrente da prática formalista. O objeto dos estudos literários, de acordo com os Formalistas — eles estão todos de acordo nesse ponto —, são as próprias obras, não a impressão que estas

---

36 Tomachevski, *Théorie de la littérature*, p.153.

deixam em seus leitores. Pelo menos em teoria, os Formalistas separam o estudo da obra do estudo de sua produção ou de sua recepção, e criticam, com frequência, seus predecessores por se ocuparem apenas das circunstâncias ou, mais precisamente, impressões. Uma teoria da leitura só pode ser introduzida de contrabando na doutrina formalista.

Finalmente, em terceiro lugar, o distanciamento poderia servir de base para uma teoria da história literária. Este é o sentido que ele tomará, desde o início dos anos 1920, nos escritos de Chklóvski, Jakobson ou Tomachevski; é o distanciamento que dá origem à ideia do ciclo automatização-desnudamento do procedimento, ou, ainda, ao que designa a metáfora da herança do tio rico recebida pelo sobrinho (cada época torna canônicos textos considerados marginais na época precedente). Mas, se tomarmos a noção ao pé da letra, podemos aplicá-la apenas a um número bastante limitado de casos; para generalizá-la é preciso transformar seu sentido, e é o que acontecerá nos escritos de Tynianov, levando assim a uma terceira concepção da linguagem poética.

III

Antes de chegarmos lá, é preciso lembrar em que consiste a atividade concreta dos Formalistas e se perguntar em que medida ela corresponde a esta ou a aquela parte de seu programa. A maioria de suas publicações não é dedicada à elaboração de um sistema estético, original ou banal, nem a um questionamento sobre a essência da arte. Que lamentemos tal fato ou nos felicitemos por ele, não podemos deixar de constatar: os Formalistas não são "filósofos". Em contrapartida, os trabalhos sobre diferentes aspectos do verso (Brik, Jakobson, Tomachevski, Eichenbaum, Jirmunski, Tynianov), sobre a organização do discurso narrativo (Eichenbaum, Tynianov, Vinogradov), sobre as formas de composição da intriga (Chklóvski, Tomachevski, Reformatski, Propp), e assim por diante, se multiplicam.

Poderíamos então dizer, à primeira vista, que há uma distância entre aquilo por mim designado "primeira concepção" da linguagem poética e o trabalho concreto dos Formalistas, à medida que vemos mal em que a hipótese inicial é necessária aos trabalhos que se seguem. Entretanto, olhando de perto, descobrimos que esses trabalhos se tornaram possíveis (sem ser necessariamente desencadeados) pelo postulado de partida. A fórmula um pouco abstrata e inconsistente dos românticos, de acordo com a qual a obra de arte deve ser percebida em si mesma e não em vista de outra coisa, se tornará não afirmação doutrinal, mas razão prática que levará os Formalistas — os pensadores mais do que os leitores — a perceber a própria obra; a descobrir que ela tem um ritmo, que é preciso saber descrever; dos narradores, que é preciso saber diferenciar; dos procedimentos narrativos, universais e, no entanto, infinitamente variáveis. Em outras palavras, seu ponto de partida na estética romântica permite-lhes começar a praticar — e, neste sentido, eles são verdadeiros inventores — uma nova *ciência dos discursos*. Não que, diferentemente de outros críticos literários, eles digam a verdade onde estes enunciavam apenas opiniões, isto seria uma ilusão; mas eles fazem as pazes com o projeto, introduzido pela *Poética* e *Retórica* de Aristóteles, de uma disciplina cujo objeto são as formas do discurso, não as obras

Crítica da crítica

particulares. É neste encontro da tradição aristotélica com a ideologia romântica que reside a originalidade do movimento formalista, e é ele que explica a preferência pelos escritos eruditos sobre fragmentos poéticos.

Eichenbaum se mostrará particularmente sensível a esse traço característico do Formalismo, e o retomará inúmeras vezes em sua "A teoria do 'método formal'":

> Para os "formalistas", o essencial não é o problema do método nos estudos literários, mas o da literatura enquanto objeto de estudo. [...] O que nos caracteriza não é o "formalismo" enquanto teoria estética, nem uma "metodologia" que represente um sistema científico definido, mas o desejo de criar uma ciência literária autônoma, a partir das qualidades intrínsecas do material literário.[37]
>
> [...]
>
> Ficou evidente, mesmo para pessoas estranhas à Opojaz, que a essência de nosso trabalho consistia num estudo das particularidades intrínsecas da arte literária, e não no estabelecimento de um "método formal" imutável; eles se deram conta de que se tratava do objeto do estudo, e não de seu método.[38]

O que caracteriza o Formalismo é um objeto, não uma teoria. Em certo sentido, Eichenbaum tem razão: ele não dispõe de nenhum método particular, e a própria terminologia muda com os anos. Mas o que caracteriza uma escola crítica nunca é um

---

37 Eichenbaum, La théorie de la méthode formelle. In: *Théorie de la littérature*, p.116-7.

38 Ibid., p.141.

método (isto é uma ficção para atrair discípulos), é a maneira de construir o objeto de estudo: os historiadores da geração precedente incluíam aí as relações com o contexto ideológico e deixavam de lado a análise interna da obra, os Formalistas fazem o contrário. Ora, percebe-se que, para Eichenbaum, que ilustra aqui a atitude positivista, essa escolha permanece bastante transparente, invisível. Esta é a razão pela qual, de resto, nunca há entre os Formalistas uma resposta para a pergunta: "O que deve fazer a crítica?". Eles responderiam, de maneira inocente: descrever a literatura (como se esta existisse em estado de fato bruto).

Mas voltemos ao objeto dos estudos literários, tal como o observa Eichenbaum. Esse objeto é "a literatura enquanto série de traços específicos", "as propriedades específicas da arte verbal". De que especificidade se trata? Para que a criação de uma nova disciplina se justifique, seria preciso que essa especificidade tivesse a mesma natureza em todas as instâncias do que é reconhecido como pertencendo à literatura. Ora, a análise cuidadosa das "obras em si mesmas" — tornada, então, possível pela hipótese da especificidade literária — vai revelar aos Formalistas que a dita especificidade não existe; ou, mais exatamente, que ela tem existência apenas histórica e culturalmente circunscrita, mas não universal ou eterna; e, por essa razão, a definição pelo autotelismo é insustentável. De maneira paradoxal, são, exatamente, os pressupostos românticos que levarão os Formalistas a conclusões antirromânticas.

Encontramos essa constatação, pela primeira vez, no estudo de Tynianov "Le fait littéraire" [O fato literário], que data de 1924. Tynianov observa antes de tudo:

Crítica da crítica

Enquanto uma *definição* consistente da literatura torna-se cada vez mais difícil, qualquer contemporâneo nos apontará com o dedo o que é um *fato literário*. [...] Ao envelhecer, o contemporâneo que, durante a vida, viu uma, duas ou mais revoluções literárias, observará que, em sua época, tal acontecimento não era um fato literário, ao passo que agora se tornou, e inversamente.[39]

E conclui:

O fato literário é heteróclito, e, neste sentido, a literatura é uma série que evolui com solução de continuidade.[40]

Vemos que o conceito de distanciamento teve de sofrer uma grande generalização para levar à nova teoria literária de Tynianov (é um mero acaso que seu estudo seja dedicado a Chklóvski?). O distanciamento é apenas um exemplo de um fenômeno maior que é a historicidade das categorias da qual nos servimos para recortar os fatos de cultura: estes não existem no absoluto, como as substâncias químicas, mas dependem da percepção de seus usuários.

Quando retoma o mesmo assunto em "Da evolução literária" (1927), Tynianov é ainda mais claro:

A existência de um fato como *fato literário* depende de sua qualidade diferencial (isto é, de sua correlação quer com a série literária, quer com uma série extraliterária), ou seja, de sua função.

---

39 Tynianov, Le fait littéraire, *Manteia*, p.9.
40 Ibid., p.29.

45

O que é "fato literário" para uma época para outra será um fenômeno linguístico vinculado à vida social, e vice-versa, segundo o sistema literário em relação ao qual esse fato se situa.

Assim, uma carta a um amigo de Derzhavin é um fato da vida social; na época de Karamzin e de Púchkin, a mesma carta do amigo é um fato literário. Prova disso é o caráter literário das memórias e dos diários em um sistema literário e seu caráter extraliterário em outro.[41]

A "automatização" e o "distanciamento" aparecem aqui como ilustrações particulares do processo de transformação da literatura tomada como um todo.

As consequências dessa tese são perturbadoras para a doutrina formalista. De fato, ela volta a afirmar a inexistência do que Eichenbaum considerava a garantia de identidade do Formalismo: o objeto de seus estudos, ou seja, a especificidade (trans-histórica) da literatura. Duas reações, de resto contraditórias, podem ser notadas entre os outros membros do grupo. A primeira é a de Eichenbaum, em *Moj vremennik* [Meu periódico], em 1929; ela consiste em uma adesão total, tanto no nível dos exemplos quanto no das conclusões:

Assim, em determinadas épocas, o jornal e mesmo a vida cotidiana de uma sala de redação têm o significado de um fato literário, ao passo que, em outras, são as sociedades, os círculos, os salões que adquirem o mesmo significado.[42]

---

41 Tynianov, De l'évolution littéraire. In: *Théorie de la littérature*, p.35.
42 Eichenbaum, *Moj vremennik*, p.55.

Crítica da crítica

O fato literário e o período literário são noções complexas e mutáveis, à medida que são igualmente mutáveis as relações dos elementos que constituem a literatura, assim como suas funções.[43]

Nada é dito, em contrapartida, sobre a maneira como essa ideia se articula com as afirmações anteriores de Eichenbaum. Jakobson, por sua vez, não parece ser atingido por estas novas declarações. Em "Qu'est-ce que la poésie?", ele se contenta em isolar um núcleo estável no cerne da tendência geral, restringindo, assim, um pouco o campo de aplicação de suas teses, mas não modificando seu conteúdo:

> Já disse que o conteúdo da noção de *poesia* era instável e variava no tempo, mas a função poética, a *poeticidade,* como assinalaram os Formalistas, é um *elemento sui generis,* um elemento que não pode ser reduzido mecanicamente a outros elementos.[44]

Os trabalhos de Jakobson dos anos 1960 sempre testemunharam sua convicção de que era possível ter uma definição linguística (e trans-histórica), senão da poesia, pelo menos da função poética.

A tese de Tynianov está repleta de implicações radicais. De fato, ela não cede mais espaço para um conhecimento autônomo da literatura, mas leva a duas disciplinas complementares: uma ciência dos discursos, que estuda as formas linguísticas estáveis, mas não pode expressar a especificidade da literatura;

---

43 Ibid., p.59.
44 Jakobson, Qu'est-ce que la poésie? In:_____, *Questions de poétique,* p.123.

e uma história, que explicita o conteúdo da noção de literatura em cada época determinada, colocando-as em relação com outras noções do mesmo nível. Na realidade, essa terceira concepção da linguagem poética é uma demolição da própria noção: em seu lugar aparece o "fato literário", categoria histórica e não mais filosófica. Tynianov priva a literatura de seu lugar excepcional, considerando-a não mais em oposição, mas em relação de troca e de transformação com outros gêneros do discurso. A própria estrutura do pensamento é modificada: no lugar do cotidiano e do brilho poético, descobrimos a pluralidade das maneiras de falar. Assim, a ruptura inicial, aquela entre uma linguagem que fala do mundo e uma linguagem que fala de si mesma, é abolida, e podemos nos colocar a questão da verdade em literatura em novos termos.

No que diz respeito à própria definição da literatura, podemos apenas calcular as consequências que os Formalistas teriam tirado dessa reviravolta espetacular. Um dos caminhos possíveis teria sido o de um historicismo radical – tão radical quanto o era até seu formalismo –, que teria levado a esvaziar completamente a questão; não teríamos, então, abandonado o quadro conceitual romântico. Outro caminho teria permitido buscar uma nova definição, justificando-se não pelo parentesco real de todos os fenômenos reputados literários, mas por seu próprio valor explicativo. No entanto, nada disso acontecerá: a repressão política abate-se sobre o grupo no final dos anos 1920, e todas as questões por ele levantadas tornam-se tabu, na União Soviética, por muitos anos. A única lição positiva desse final violento da reflexão formalista é que a literatura e a crítica, certamente, não encontram seu fim em si mesmas: senão, o Estado não teria se preocupado em regularizá-las.

O retorno do épico
(Döblin e Brecht)

Ao mudar de país, passando da Rússia para a Alemanha, mudo também de gênero: não são mais os críticos que gostaria de analisar aqui, mas dois escritores, Alfred Döblin e Bertolt Brecht. A diferença é grande: meus dois autores quase não se preocupam com crítica literária — nem com aquilo que ela é, nem com o que ela deve ser; eles também não se preocupam em descrever, de maneira imparcial, ou mesmo científica, o que é a literatura. Importa para eles como a literatura pode, ou mesmo *deve* ser: eles escrevem, à margem de sua prática literária, para defendê-la e para promovê-la, justificativas teóricas; são programas de ação (literária) cujo único parâmetro é a eficácia, e não dissertações que aspirem à verdade. Ora, sem dúvida, estou sendo injusto com relação aos profissionais contemporâneos da teoria literária na Alemanha, mas, nesses escritos polêmicos, nesses manifestos, encontro um elemento de reflexão que me interessa mais do que os outros: portanto, proponho-me a ler aqui esses escritores.

Injusto com a crítica profissional, corro igualmente o risco de sê-lo com meus dois autores, pois renuncio a qualquer abordagem global de sua obra (ela estaria deslocada no presente contexto) para preocupar-me apenas com um único aspecto de doutrina, aquele evocado pelo termo "épico", por eles empregado para designar sua própria produção. O que aqui me interessa não é a verdade dessa declaração (as obras em questão eram realmente épicas?), nem, sob outro ponto de vista, sua legitimidade (um bom historiador da literatura teria empregado o termo nesse sentido?), mas, unicamente, seu sentido. O que, exatamente, se pretendia dizer ao reivindicar a designação "épico" para este ou aquele drama, para este ou aquele romance?

I

Alfred Döblin emprega a palavra "épico" em um sentido bastante particular a partir de 1928, em uma conferência intitulada "Schriftstellerei und Dichtung", palavras que poderiam ser traduzidas por "escrevência e poesia". A oposição que designam esses dois termos é das mais familiares para qualquer um que a leia no contexto da doutrina estética do romantismo, ainda que Döblin a apresente como uma inovação. Trata-se, efetivamente, de opor à atividade utilitária do escritor, submetida a objetivos exteriores, a atitude intransitiva do poeta, cuja única preocupação são os interesses próprios à arte. Seguem aqui, primeiramente, os livros da primeira categoria:

> De modo geral, eles têm certo objetivo prático: distrair e, além disso, alcançar algo ético, em conformidade com o que o autor imagina ser a ética; ou então, eles querem servir como propaganda

Crítica da crítica

política; ou agir de maneira crítica sobre a sociedade e instruir; ou querem apenas ser o espaço no qual o pobre autor deseja abrir seu coração, portanto, o gabinete literário para exibicionistas, o WC literário.[1]

Vemos que Döblin estigmatiza do mesmo modo a função "impressiva" ou didática, quanto à função expressiva da arte. Segue agora a outra parte:

> A poesia é claramente oposta à escrevência racional, subordinada a fins exteriores [...]. A obra poética também possui finalidades, que agem sobre a vida e sobre os homens, mas são finalidades específicas, muito complexas e muito atuais, da poesia.[2]

A oposição é perfeitamente tradicional, não importa o que pensa Döblin. O que, entretanto, é menos tradicional é o fato de ele usá-la em alternância com outra dupla de termos que, desta vez, designam gêneros literários, a saber, "romance" e "epopeia". Tal uso chega a ser desconcertante. Por um lado, porque "épico" torna-se sinônimo de "poético", e que Homero, Dante e Cervantes serão apontados como os maiores representantes da arte épica: quer dizer, um autor de epopeias, um poeta e... um romancista. Por outro lado, o romance, para os românticos, resultado de sua nova estética, torna-se, para Döblin, a encarnação de seu contrário: para ele, o romance situa-se do lado da escrevência, não da poesia. A obra épica

---

1 Döblin, *Schriftstellerei und Dichtung*. In:_____, *Aufsätze zur Literatur*, p.93.
2 Ibid., p.94.

será, portanto, aquela dotada, aos olhos de Döblin, das características atribuídas por Friedrich Schlegel ou Novalis ao romance, particularmente da intransitividade. Esta se encontra independentemente do ponto de vista do analista. No interior da fábula, cada elemento mantém sua autonomia, não se submetendo a um único clímax, como no romance (Döblin reproduz aqui a interpretação da oposição épico/dramático, tal como a pratica Schiller):

> Na obra épica, a ação avança aos poucos, por aglutinação. Esta é a justaposição épica. Ela se opõe ao desenvolvimento do drama, ao encadeamento, a partir de um ponto [...]. Na grande obra épica, os personagens isolados, ou os episódios individuais extraídos do conjunto, mantêm sua vida; ao passo que, no romance de escrevência, com sua forte tensão, se apaga.[3]

A autonomia é encontrada se examinarmos os níveis de organização da obra, e não suas partes:

> Indico aqui dois traços distintivos essenciais da obra épica: soberania da imaginação e soberania da arte verbal.[4]

O que há de mais surpreendente, portanto, nessas páginas de Döblin, é o uso do termo "épico", que surge onde não era esperado, e que parece impregnado de um sentido banal sob o ponto de vista estético, mas, lexicologicamente, original. O sentido tradicional do termo, entretanto, não pode ser in-

---

3 Ibid., p.96-7.
4 Ibid., p.94.

teiramente obliterado; alguma coisa referente a ele continua, necessariamente, presente na memória de Döblin, e na de seu leitor; essa tensão entre o uso comum do termo e seu novo uso demanda uma explicação. Tal é a tarefa à qual Döblin se dedica em um estudo muito mais longo, surgido no ano seguinte (1929) e intitulado "Der Bau des epischen Werks" [A estrutura da obra épica]. É aqui que encontramos o essencial das intuições originais de Döblin.

Não é por essa razão que ele corta todas as ligações com a estética romântica. Perfeitamente em conformidade com essa doutrina, Döblin critica a imitação servil da realidade, exalta a intransitividade das partes e da totalidade da obra épica, e a compara, por sua autonomia e pela coerência interna que a governa, à obra musical. Outras características da obra épica poderiam, também, remeter à escrita de Friedrich Schlegel, ainda que este tenha falado de romance. Por exemplo, o gênero épico absorve todos os outros gêneros: "Vocês ficarão desconcertados se eu aconselhar os autores a serem resolutamente líricos, dramáticos ou mesmo ponderados, no trabalho épico. Mas eu não renuncio a isso".[5] Diferentemente do que ocorre com os outros, trata-se de um gênero em constante transformação. "A obra épica não é uma forma fixa; como o drama, ela deve ser constantemente desenvolvida em obstinada oposição à tradição e a seus representantes".[6] É um gênero que está do lado do processo de produção e não daquele das produções acabadas: "*O leitor, portanto, participa com o autor do processo de produção. Todas as obras épicas são questões de devir e de ação*".[7] Mas,

---

5 Ibid., p.113.
6 Ibid.
7 Ibid., p.123.

na sequência desses lugares comuns do romantismo, algumas afirmações mais surpreendentes aparecem também.

Ao criticar a imitação servil da realidade, Döblin reconhece que narrativas que evocam acontecimentos situados no mundo exterior (sempre as de Homero, de Dante e de Cervantes) conquistam totalmente a adesão do leitor, bem como a sua própria. Como isto é possível? É porque há uma diferença ao mesmo tempo na natureza da matéria representada aqui e ali, e na maneira de acordo com a qual a representamos. Enquanto o romance ("burguês")[8] descreve situações e personagens *particulares*, a obra épica busca a *exemplaridade*, tanto no conteúdo quanto na maneira de expressá-lo. O autor épico não se contenta em observar e em transcrever a realidade; ele precisa também "ultrapassá-la",[9] ir além dela, buscando encontrar situações essenciais e elementares, características mais da humanidade que dos indivíduos:

> Assim, estão formuladas intensas situações fundamentais e elementares da existência humana, atitudes elementares do ser humano que surgem nessa esfera [...]. Essas situações originais do homem superam ainda, por sua proximidade com a origem, com a verdade e com o poder de procriação, as verdades cotidianas analisadas.[10]

O romance europeu, em sua evolução a partir do século XVII, está bastante associado à valorização do particular e ao inte-

---

8 Ibid., p.107.
9 Ibid.
10 Ibid., p.106-7.

Crítica da crítica

resse pelo individual; a recusa por essas opções, característica de uma época anterior e talvez também do presente, legitima, portanto, a reintrodução desse termo antigo, o épico.

Para compreender a segunda característica da epopeia moderna, é preciso acompanhar, por um momento, o processo histórico de transformação da literatura apresentado, em seus grandes traços, por Döblin. O antigo poeta épico não é o único responsável por sua obra: seu público o é igualmente, na medida em que o poeta está em contato direto com ele, e que sua própria remuneração depende da aprovação desse público; a obra está, portanto, voltada para o sentimento dos ouvintes, e o poeta não é senão o intérprete individual de uma voz, antes de tudo, coletiva. Mas a escrita e, depois, a publicação distanciaram o produtor dos consumidores do livro, os quais, de repente, passaram a ser identificados como tais, e separados. Portanto, não apenas os personagens, mas também o autor, são atingidos pela esterilidade do individualismo. Mas como escapar da aporia? O poeta moderno poderia, por acaso, pôr-se a cantar suas narrativas nos cafés e a mendigar?

A resposta de Döblin é interessante. Ela consiste no seguinte: na época do livro impresso, o único meio de recuperar a atitude épica é interiorizar a voz dos ouvintes potenciais, permitindo-lhes manifestar seus sentimentos, sem deixar que desapareça, e isto é essencial, a voz individual do poeta. O poeta épico clássico apenas fazia ouvir a voz da coletividade, na qual se perdia a sua. O poeta individualista moderno também permite que apenas uma voz se faça ouvir, mas esta é a de um só indivíduo. A nova epopeia é a primeira a permitir que duas vozes sejam simultaneamente ouvidas: a voz do poeta e a dos outros, interiorizada; trata-se de um diálogo interior.

Döblin escreve:

> Para dizê-lo logo e com clareza: *neste instante, o autor não está mais sozinho em seu quarto* [...]. A partir deste momento, o autor carrega, em si, o povo. Este eu observador assume, em nossa época, o papel e a função do povo entre os antigos errantes. *Este eu torna-se público, torna-se ouvinte, e começa também a colaborar.* [...] A partir deste instante instaura-se uma cooperação, uma colaboração entre o eu e a instância poetisante.[11]

A partir daí, Döblin imagina as diferentes relações que se estabelecem entre essas duas emanações da pessoa: o eu-ouvinte interiorizado pode controlar tudo, ou então começar a submeter-se à obra, ou mesmo a vacilar diante dela.

Existe, finalmente, um terceiro local no qual se manifesta a especificidade da nova epopeia: é na atitude revelada pelo autor com relação à linguagem. Os enunciados não são mais exclusivamente considerados em sua relação com as realidades por eles designadas, mas também por serem portadores de voz. Na produção de sua obra, o poeta frequentemente partirá de uma frase na qual ele não reterá o sentido, mas os ecos de enunciações anteriores. Nela, ele não ouvirá a voz individual de uma pessoa em particular, nem a voz conjunta de toda a coletividade; a linguagem será, para ele, o local de interação das múltiplas vozes, características de uma sociedade: ele ouvirá e fará viver os pertencimentos territoriais e sociais, o grau de educação e a profissão, a preferência pelo arcaico ou pelo vulgar, essa ou outra subtradição literária, o essencial sendo a

---

11 Ibid., p.120.

Crítica da crítica

própria manutenção desta multiplicidade. "O conhecedor sabe que existe um grande número de níveis de linguagem, dentro dos quais tudo deve mover-se",[12] e faríamos o maior favor ao escritor ao facilitar-lhe o acesso a este reino. "Se os filólogos quisessem publicar um dicionário sobre os estilos e sobre os níveis da língua alemã, este seria um trabalho benéfico para os autores e para os leitores".[13] Isto seria essencial, pois "em cada estilo de linguagem reside uma força produtiva e um caráter limitador".[14] Se soubermos ouvir essas vozes, elas se encarregarão de produzir o texto no lugar do autor. "Julgamos dizer e somos ditos, acreditamos escrever, somos escritos. [...] A vitória – na obra do bom autor – deve-se sempre à 'linguagem'."[15] Trata-se, portanto, de uma vitória sem vencido, na qual estamos mais presentes na medida em que cedemos lugar aos outros.

O romance, tal como existiu nos três últimos séculos, remete à ideologia individualista, a qual, por sua vez, evolui paralelamente à sociedade burguesa moderna. Mas Döblin percebe, na vida a seu redor, sinais de uma mutação radical, na sequência da qual instâncias coletivas começam a representar um papel acrescido da relação com as individualidades. Tal seria o denominador comum de um grande número de transformações por ele observadas em sociedades próximas ou distantes. A nova ideologia (que não deveria ser designada "coletivista") se harmonizaria melhor com uma nova literatura; é a ela que Döblin reserva a designação "épica". Döblin contesta a estética individualista em um ponto bastante preciso: na concepção de homem subjacente

---

12 Ibid., p.131.
13 Ibid., p.130.
14 Ibid., p.130-1.
15 Ibid., p.131-2.

a ela. Döblin pretende que a literatura represente situações e personagens exemplares, e não singulares, porque ele não crê na singularidade do indivíduo, na diferença irredutível que o separaria de todos os outros indivíduos; essa escolha repousa na convicção da *socialidade* constitutiva do homem. Encontramos a mesma ideia quando, do homem representado, nos voltamos para o homem que representa: o autor também não deve ser pensado como um indivíduo isolado, mas, antes, como aquele que transmite várias vozes simultaneamente: a sua, e a dos outros, ou, mais exatamente, a de seu público, isto é, uma espécie de consenso de sua época. O novo gênero épico deve constituir o diálogo consciente entre o autor individual e esse consenso coletivo. É preciso evitar as armadilhas igualmente perigosas do puro coletivismo e do puro individualismo. É ilusório, em nossos dias, querer fundir-se inteiramente com a voz da sociedade, à maneira do bardo nas sociedades tradicionais; mas é igualmente nefasto imaginar-se em uma sociedade radical; é preciso manter a interação entre os dois.

II

A estética de Brecht apresenta vários pontos evidentes de ruptura com relação à estética romântica. Seu "teatro didático" é incompatível com a intransitividade da arte, preconizada pelos românticos, e não nos surpreenderemos ao ver que a própria noção de arte, consubstancial à estética romântica, torna-se secundária na ótica de Brecht: a unificação de tudo o que encontra seu objetivo em si mesmo em um único conceito pouco lhe importa. Quando quer explicar (em "L'achat du cuivre" [A compra do cobre]) em que consiste o teatro épico,

Crítica da crítica

ele não recorre a categorias estéticas, mas à análise de uma prática cotidiana:

> É relativamente fácil propor um modelo fundamental de teatro épico. Por ocasião dos exercícios práticos, eu tinha o hábito de escolher, por exemplo, um teatro épico dos mais simples, de certa maneira, "natural", um processo suscetível de ser desenvolvido em qualquer esquina: a testemunha ocular de um acidente de trânsito mostra, a pessoas agrupadas, como o acidente ocorreu.[16]

Evidentemente, ocorrem também diferenças entre as "formas simples" do teatro e as "formas cultas" (para fazer uso dos termos empregados, à mesma época, por André Jolles, em suas *Formes simples*); mas essas são diferenças funcionais e não estruturais: a "arte" (a literatura) nasce da "natureza" (do discurso).

> Não há diferença, no que diz respeito a seus elementos constitutivos, entre o teatro épico natural e o *teatro épico* artificial. Nosso teatro de esquina é rudimentar; o pretexto, o fim e os meios do espetáculo não "custam muito". Mas trata-se, não podemos negá-lo, de um processo significativo cuja clara função social determina cada um de seus elementos.[17]

A arte não *se opõe* à natureza; nem a literatura, ao discurso cotidiano: um se *transforma* no outro. A escrita artística está presa na rede de relações entre discursos, e a linguagem, como também o dizia Döblin, deve ser compreendida em sua pluralidade.

---

16 Brecht, L'achat du cuivre. In:_____, *Écrits sur le théâtre*.
17 Ibid., p.557-8.

Neste sentido, o ponto de chegada do movimento formalista coincide com o ponto de partida de Brecht.

O centro do interesse de Brecht, no entanto, está em outro lugar, e sua proximidade com Döblin é ainda mais significativa: trata-se do "teatro épico", exatamente contemporâneo ao "romance épico" de Döblin. Brecht gostava de reconhecer em Döblin um de seus "pais ilegítimos" e, em carta a este endereçada, ele explica seu próprio projeto de dramaturgia: "na verdade, trata-se apenas de encontrar uma forma que permita transpor para a cena aquilo que faz a diferença entre os romances de sua autoria e os de Mann".[18] Mesmo que Brecht nem sempre seja tão elogioso, parece que a filiação, em seu pensamento, diz respeito, precisamente, à ideia do épico, pois a palavra surge cada vez que Brecht se refere a Döblin: "Em uma discussão, o grande autor épico Alfred Döblin reprovou o drama, com veemência, por se tratar de um gênero artístico absolutamente incapaz de produzir uma representação verdadeira da vida".[19] "A nova dramaturgia submetia-se à forma épica (apoiando-se, mais uma vez, nos trabalhos de um romancista, a saber, Alfred Döblin)".[20] Entretanto, o sentido que Brecht atribuirá ao termo "épico" não é apenas aquele que a ele atribui Döblin.

É preciso partir aqui de um dos mais conhecidos aspectos da doutrina de Brecht, a saber, sua crítica da identificação (*Einfühlung*, empatia). Brecht, como o sabemos, reprova ao teatro antigo, não épico, "*aristotélico*", o fato de o espectador ser convidado a identificar-se com o personagem, o que é facili-

---

18 Brecht, Ges. Werke, t.VIII, *Schriften* II, *Zur Literatur...*, p.64.
19 Id., Ges. Werke, t.VII, *Schriften* I, *Zum Theater*, p.118.
20 Ibid., p.221.

Crítica da crítica

tado pela prévia identificação do comediante com esse mesmo personagem; os três fundem-se em um. O pensamento clássico acerca do teatro – afirma Brecht, talvez erroneamente – não concebe outra forma de recepção por parte do espectador; é o que explica a perenidade da teoria da catarse. Para alcançar tal efeito, procura-se manter o espectador na ilusão de que ele tem, sob os olhos, um segmento da vida, e não um espetáculo; daí a imagem do palco como um cômodo ao qual faltaria apenas a quarta parede; e a admiração declarada pelos especialistas contemporâneos (escola de Stanislavski) pelos efeitos de ilusão, pelo "fazer acreditar", de que seriam capazes os melhores atores. A esse tipo de recomendações, Brecht retruca ironicamente: "Sem recorrer à arte do comediante, apenas com uma dose suficiente de álcool, pode-se levar quase todo mundo a ver, por toda parte, senão ratos, pelo menos camundongos brancos".[21]

A nova estética do teatro épico pode ser deduzida, por negação, a partir dessa crítica. O espectador deve permanecer lúcido, senhor de sua faculdade crítica e, por essa razão, não sucumbir à tentação da identificação. O dever do dramaturgo e do diretor comprometidos com a experiência do teatro épico é o de ajudá-lo em seu esforço. Naquilo que diz respeito ao autor do texto, ele pratica uma forma de representação do mundo que consiste em, mais do que reproduzir as coisas tais como estamos habituados a vê-las, torná-las, pelo contrário, estranhas, não familiares – em nos desconcertar. Brecht refere-se inicialmente a esse processo através da palavra *Entfremdung*, afastamento, mas também alienação; no entanto, ele muda o termo pouco depois, ao que parece, sob a influência dos Forma-

---

21 Ibid., p.351.

listas russos e da noção de *ostranenie*, a ação de tornar estranho, introduzida por Chklóvski uns dez anos antes. Brecht teve a oportunidade de tomar conhecimento desse desenvolvimento paralelo (e ligeiramente anterior) por ocasião de suas próprias viagens a Moscou, onde frequenta, notadamente, a casa de O. Brik; ou então, a partir de 1931, por intermédio de S. M. Tretiakov, que no mesmo ano vai a Berlim e ali conhece Brecht. Tretiakov, amigo de Eisenstein e de Mayerhold, mas também de Chklóvski e de Brik, é também autor de peças de "vanguarda"; no final dos anos trinta, ele terá o destino daqueles cuja nota biográfica, na *Brève Encyclopédie littéraire* (soviética), termina com essas expressões lacônicas: "Ilegalmente reprimido. Postumamente reabilitado".[22] A admiração parece ter sido recíproca entre os dois homens: Brecht adapta, em alemão, uma das peças de Tretiakov e refere-se a ele sempre como "seu mestre", enquanto Tretiakov torna-se o tradutor de Brecht para o russo. É sob o efeito desses encontros que Brecht modifica seu termo, para fazer dele uma tradução exata da palavra russa: é a famosa *Verfremdung*, distanciamento, ou o *V-Effekt*.

Como Chklóvski, Brecht pensa que esse procedimento é comum a todas as artes e se compraz em revelá-lo tanto nos pintores antigos (Breughel) como nos modernos: "A pintura distancia (Cézanne) quando enfatiza exageradamente a forma vazia de um recipiente".[23] Mas é ao teatro, evidentemente, que

---

22 Para Tretiakov, consultar Mierau, *Erfindung und Korrektur: Tretjakows Aesthetik der Operativität* (fazendo a abstração do ângulo de aproximação); e Tretiakov, *Dans le front gauche de l'art*. Brecht dedicará um poema ao desaparecimento trágico de Tretiakov e jamais acreditará em sua culpabilidade.

23 Brecht, Ges. Werke, t.VII, *Schriften* I, *Zum Theater*, p.364.

Crítica da crítica

ele faz referências com maior frequência, não se cansando de repetir que o autor deve, antes de tudo, conseguir transmitir esse efeito de estranheza. "O efeito de distanciamento consiste em transformar a coisa que se quer fazer compreender, para a qual se quer chamar a atenção, de coisa comum, conhecida, imediatamente dada, em algo particular, insólito, imprevisto".[24] Antes de realizar esse procedimento, o autor divide com seu espectador uma atitude convencional com relação às coisas, que consiste em reconhecê-las, sem as perceber verdadeiramente. Consciente dessa rotina da percepção, o autor introduz em seu próprio texto um programa de percepção diferente; ele age sobre seu texto para agir sobre o espectador. E, graças ao efeito de distanciamento, esse espectador não se identifica mais com o personagem, e dois sujeitos aparecem onde havia apenas um.

Quais meios de ação sobre o texto provocam o efeito de distanciamento? Uma obra de linguagem possui níveis e aspectos múltiplos; mas, no decorrer de cada época, a convenção literária faz que associemos uns aos outros de modo estável e fixo. Ao desfazer essas associações, ao manter alguns elementos do clichê e ao modificar outros, impedimos a percepção automatizada. Por exemplo, se um tema prosaico é evocado por meio de formas linguísticas preciosas, ele será distanciado; ocorre o mesmo se um tema "elevado" é tratado em dialeto, e não em linguagem literária polida. Às vezes, é possível obter o mesmo efeito ao passar do presente ao pretérito ou o inverso; da primeira à terceira pessoa etc. Ao lado dessas intervenções que dizem respeito à própria estrutura do texto, podemos também fazer aparecer o metatexto; fazer ler, por exemplo, as indicações

---

24 Ibid., p.355.

Tzvetan Todorov

cênicas do autor, destinadas, em princípio, ao ator, e não ao espectador; nesse caso, duas vozes deslocadas uma em relação à outra fazem-se, simultaneamente, ouvir. Todos esses procedimentos lembram os da paródia, que também mantém certos elementos do original, modificando outros, e que introduz a dualidade na própria voz do autor. No teatro, ao lado desses meios textuais que produzem o efeito de distanciamento, existem ainda outros, decorrentes, acima de tudo, da encenação. É porque, em um primeiro momento, o ator identificava-se com o personagem, que o espectador, por sua vez, fazia o mesmo; para destruir a segunda identificação, nos ateremos à primeira e, no lugar da unidade, será reestabelecida a pluralidade dos sujeitos. Brecht escreve em "L'achat du cuivre":

> O efeito de distanciamento não se produz quando o comediante, esboçando um rosto estranho, apaga inteiramente o seu próprio rosto. O que ele deve fazer é mostrar a superposição dos dois.[25]

O ator mostra a não coincidência entre ele e o personagem, faz ouvir, simultaneamente, duas vozes, o que, por sua vez, impede o espectador de identificar-se com esse personagem.

O comediante deve continuar a ser o apresentador: ele deve tornar o personagem que representa uma pessoa estranha, e não fazer desaparecer, em sua representação, qualquer rastro do "*ele fez isso, ele disse aquilo*". Ele não deve chegar a *metamorfosear-se integralmente* nesse personagem apresentado. [...] Ele jamais esquece

---

25 Brecht, L'achat du cuivre. In:_____, *Écrits sur le théâtre*, p.610.

Crítica da crítica

e jamais deixa esquecer que ele não é o personagem apresentado, mas o apresentador.[26]

Ou, de acordo com a fórmula impressionante de um texto anterior: "Todos deveriam afastar-se de si mesmos".[27]

Ao lado dessa mudança de sua relação com o personagem, o ator pode também comunicar-se de modo diferente com o espectador, dirigindo-se diretamente a ele, gesto paralelo à leitura das indicações cênicas, e recordando que o diálogo dos personagens está inserido naquele produzido entre autor e espectador. Ele pode, finalmente, modificar também sua relação consigo mesmo e, ao observar-se, mostrar-se: "É desta maneira que o comediante chinês obtém o efeito de distanciamento: nós o vemos observar seus próprios movimentos".[28] O resultado de todos esses procedimentos é que, em vez de *representar* as palavras do personagem, o ator as *cita*: "Ao renunciar à metamorfose integral, o comediante não diz seu texto como uma improvisação, mas como uma citação".[29] Ora, o que é a citação senão um enunciado com duplo sujeito de enunciação, uma situação na qual duas vozes são transmitidas por meio de uma fala única?

O diretor pode também intervir utilizando outras mídias que não o texto. Seu objetivo não será o de fazê-las, todas, contribuir para um efeito único, o de conduzi-las à fusão total, mas o de empregar cada uma delas para afastar a outra: o gesto será dissonante em relação ao texto, e isto terá como efeito conscientizar o espectador de um e de outro; é o que

---

26 Ibid., p.553.
27 Brecht, Ges. Werke, t.VII, *Schriften* I, *Zum Theater*, p.189.
28 Ibid., p.346.
29 Ibid., p.344.

ocorre com a introdução, no teatro, da música, do cinema, das máscaras, dos próprios cenários:

> Que todas as artes, irmãs da arte teatral sejam, portanto, convidadas aqui não a produzir uma "obra de arte total", à qual todas elas se entregariam e na qual se perderiam, mas, ao lado da arte teatral, fazer avançar a tarefa comum, cada qual a seu modo; suas relações conjuntas consistirão em distanciar-se mutuamente.[30]

O ideal de Brecht não é um teatro total, mas um teatro do heterogêneo, no qual reina a pluralidade no lugar da unidade.

O efeito de distanciamento não é a única característica do teatro épico, mas constitui sua quase quintessência; todos os outros traços podem ser acrescentados a ele. Brecht insiste também na presença do narrador em cena; este acaba encarnando uma das funções atribuídas ao ator e materializa a existência do intercâmbio autor-espectador. O passado da peça e o presente da representação não devem esconder-se mutuamente, mas, de modo explícito, coexistir. Referindo-se ainda a Döblin, Brecht retoma a ideia de Schiller da autonomia das cenas na epopeia: os episódios não contribuem para uma ação única, não conduzem todos para um único clímax; sua justaposição (o efeito de "montagem") destaca sua heterogeneidade. "Como sabemos, o autor divide a peça em pequenos trechos autônomos, de modo que a ação avance aos poucos. Ele não aceita o imperceptível deslizar das cenas, umas nas outras".[31] O próprio teatro épico define-se, portanto, pela manutenção do heterogêneo e do plural.

---

30 Brecht, *Kleines Organon für das Theater*, § 74, p.698-9.
31 Id., Ges. Werke, t.VII, *Schriften* I, *Zum Theater*, p.605.

Crítica da crítica

A frequente resposta de Brecht ao porque do teatro épico é de tipo absoluto e a-histórico. Ele postula, de fato, que toda compreensão, todo conhecimento, exigem uma separação, um distanciamento, entre sujeito e objeto; consequentemente, o teatro épico não é apenas uma forma historicamente apropriada, mas o melhor meio de aceder à verdade. "O afastamento (*Entfremdung*) era indispensável para que pudéssemos compreender. Admitir que algo 'pode ser compreendido por si mesmo' não é simplesmente renunciar à compreensão?".[32] Então Brecht escolhe, sem talvez sabê-lo, a posição de Aristóteles, para quem a surpresa é a fonte do conhecimento. O conhecimento, entretanto, constitui o objetivo último da arte? É neste ponto que Brecht introduz uma consideração histórica ao afirmar que vivemos em uma "era científica", na qual o caminho da arte encontra o da ciência. "Para que todas as coisas dadas possam-lhe [ao homem] parecer tantas coisas duvidosas, seria preciso desenvolver nele esse olhar estranho com o qual o grande Galileu observou um lustre que começou a balançar".[33] Ora, sem dúvida, para Brecht, a ciência, a razão e a verdade são valores superiores.

Seria possível ver nessa construção uma tentativa de fazer aceitar como valores universais o que apenas são, no final das contas, valores de uma época, ou ainda os de um indivíduo: os do próprio Bertolt Brecht. Poderia tratar-se, portanto, de uma atitude histórica, mas da pior espécie: inconsciente e egocêntrica. Pois parece claro que a explicação de Brecht não pode ser tomada ao pé da letra: ainda que admitamos que a dimensão da

---

32 Ibid., p.265.
33 Brecht, *Kleines Organon*, § 44, p.681.

verdade não é estranha à literatura, não podemos assimilar sua "verdade" à da ciência; os enunciados científicos são, tomados um a um, verdadeiros ou falsos, enquanto a questão perde seu sentido se estivermos lidando com as frases de um romance. O que nos prova, então, que esses procedimentos de descoberta da verdade devam permanecer, nos dois casos, os mesmos?

Mas, acompanhando essa primeira explicação, Brecht fornece outra, da qual assume o caráter histórico, e que está mais de acordo com suas outras ideias por estabelecer uma relação entre as transformações da literatura e as da sociedade. Sabemos que esse será o sentido de seu debate com Lukács, nos anos 1930: enquanto para o último existe uma essência do realismo alcançada pelos clássicos do século XIX (Balzac e Tolstói) e à qual devemos sempre aspirar, para Brecht o realismo é uma noção de conteúdo variável que se define por sua eficácia pontual e por sua adequação às exigências do momento; se, no século XX, imitássemos os "realistas" do século XIX, seríamos "formalistas". E, em seus escritos sobre o teatro épico, Brecht evidencia, habitualmente, a dependência existente entre as formas de arte e as realidades das quais estas se ocupam:

> Ainda que seja apenas para poder apreender os novos domínios temáticos, já necessitamos de uma nova forma dramatúrgica e teatral. É possível falar de dinheiro em versos jâmbicos? "Anteontem, a cotação do marco a cinquenta, hoje, a cem dólares, amanhã, acima etc." Isto é possível? O petróleo não se submete aos cinco atos.[34]

---

34 Id., Ges. Werke, t.VII, *Schriften* I, *Zum Theater*, p.197.

Crítica da crítica

Esta é, portanto, a explicação histórica de Brecht: a estética da identificação estava de acordo com a triunfante ideologia individualista; na época contemporânea, o indivíduo perde seu papel dominante. "O ponto de vista individual não mais permite compreender os processos decisivos de nosso tempo, os indivíduos não mais podem influenciá-los".[35] No lugar do indivíduo, representam o principal papel os elementos do meio, as situações, os interesses coletivos; esta é a razão pela qual, no teatro épico, os personagens individuais devem transformar-se em seres exemplares, o que não deixa de lembrar os heróis de Döblin:

> O iniciador e o interpelador do teatro épico não é o ilustre indivíduo apaixonado. As perguntas são sempre desencadeadas pelas situações, e os indivíduos respondem a elas por meio do comportamento típico assumido por eles.[36]

Então, assim como Döblin, Brecht se reporta à diferença no papel representado pelo indivíduo na época das revoluções burguesas, e em nossos dias, e estimula a pluralidade em detrimento da unidade. Sabemos que a ideia de distanciamento não é nova; sua prática pode ser observada desde a Antiguidade até as *Cartas persas* de Montesquieu, e encontramos formulações teóricas concernentes a ela a partir da época do romantismo em Novalis, Shelley ou Hegel. Mas, para os românticos, como também para Chklóvski, trata-se simplesmente de renovar a

---

35 Ibid., p.245.
36 Ibid., p.193.

Tzvetan Todorov

ótica do objeto; quanto a Brecht, este enfatiza o desdobramento que atinge o sujeito do discurso.

Brecht rompeu com o individualismo, mas não com o relativismo. Como Döblin, ele valoriza a presença de mais de uma voz em um único e mesmo sujeito; mas, de modo diferente àquele praticado por Döblin, ele não determina a natureza desta outra voz; não se trata mais da voz do consenso social, o distanciamento se opera em todas as direções; para Brecht, duas vozes sempre valem mais do que uma, qualquer que seja sua natureza. "Todos deveriam afastar-se de si mesmos": a direção do movimento parece ser indiferente.

O restante da obra de Brecht desmente, no entanto, esse programa, e, imediatamente lança uma dúvida sobre a própria possibilidade de sua realização. Longe de felicitar-se ludicamente pela multiplicação das vozes, Brecht faz ouvir, em uma obra muitas vezes perfeitamente monótona, o som de uma ideologia aceita como verdadeira e indiscutível: aquela do partido comunista. Tudo se passa como se Brecht apenas pudesse conceber a adesão a algum dogma como alternativa à pluralidade não hierarquizada. Analisar a obra de Brecht não é meu propósito aqui, mas é difícil não perceber como solidários esses dois gestos aparentemente contraditórios: o elogio da multiplicidade, a prática rígida da unidade. Cada um deles torna possível o outro e, ao mesmo tempo, o justifica. O distanciamento não comporta referência à verdade; mas Brecht possuía a sua, antecipadamente. De modo recíproco, a verdade dogmática que ele quer transmitir, tornada "estranha" ou "distante", passa a ser mais atraente. Felizmente, o "teatro épico" de Brecht foge, me parece, dessas críticas e supera cada um dos dois dogmas próprios ao seu autor, o estético e o político: aqui Brecht chega a superar a dupla armadilha do dogmatismo e do ceticismo.

Os críticos-escritores
(Sartre, Blanchot, Barthes)

Os "críticos-escritores" e não os "escritores-críticos": pretendo questionar-me aqui não sobre a crítica praticada pelos escritores, mas sobre aquela que se transforma, ela mesma, em uma forma de literatura, ou, como hoje se diz, a respeito de uma palavra que quase não tem mais sentido por excesso de uso, de escritura; ou, em todos os casos, quando o aspecto literário adquire uma pertinência nova. Desse tipo de crítica, escolho três representantes que marcaram as letras francesas do pós-Segunda Guerra (então, pouco importa se, por outro lado, eles escreveram ou não obras de ficção): Jean--Paul Sartre, Maurice Blanchot e Roland Barthes.

I

Sartre é um polígrafo, no entanto, não há fronteiras estanques entre sua filosofia, sua crítica e mesmo sua ficção. Para manter o equilíbrio entre meus diferentes autores, me aterei aqui aos principais textos consagrados essencialmente à literatura. Na verdade, Sartre não trata *da* literatura, mas de suas duas maiores espécies, poesia e prosa; e é preciso examinar separadamente sua visão sobre uma e sobre outra.

A poesia é o que, na literatura, se assimila às outras artes: pintura, escultura, música. Qual é sua definição?

> Os poetas são homens que se recusam a *utilizar* a linguagem [...]. O poeta afastou-se de uma só vez da linguagem-instrumento; ele escolheu definitivamente a atitude poética que considera as palavras como coisas, e não como signos.[1]

Essa transformação na função da linguagem leva à outra em sua estrutura: as palavras do poeta se parecem com as coisas por ele evocadas, a relação do significante com o significado é motivada.

> A significação [...] torna-se natural [...]. O poeta [...] escolhe a imagem verbal [...] por sua semelhança com o carvalho ou com o freixo [...]. A linguagem como um todo é, para ele, o espelho do mundo [...]. Assim, entre a palavra e a coisa significada estabelece-se uma dupla relação recíproca de semelhança mágica e de significação.[2]

Saint Genet (1952) amplia o quadro de conceituações diversas, mas em nada modifica o esquema de base; e a oposição

---

1 Sartre, *Qu'est-ce que la littérature?*, p.17-8.
2 Ibid., p.19-20.

Crítica da crítica

significação/sentido da qual Sartre lança mão para definir a poesia é calcada no par romântico alegoria/símbolo. A doutrina romântica, tal como podia ser lida em Moritz, Novalis ou A. W. Schlegel, aparece aqui sem nenhum disfarce (ainda que Sartre a descubra, principalmente através de Valéry, Blanchot ou Mallarmé): a poesia define-se pela intransitividade da linguagem e pela relação motivada entre significantes e significados, numa espécie de coerência interna.

Sartre não deixa de revelar essa filiação; as referências aos escritos de Blanchot sobre Mallarmé, por exemplo, são muito frequentes em *Saint Genet*. Mas, ele o faz com reserva: tendo-o citado, escreve em nota:

> Blanchot ainda acrescenta: "Talvez esse logro seja a verdade de todo escrito". É a partir daí que eu não o sigo mais. Ele deveria distinguir, nessa perspectiva, a poesia e a prosa.[3]

É na prosa, portanto, que devemos buscar a contribuição original de Sartre, ao passo que, no tocante à poesia, ele se contenta em lembrar aquilo que lhe parecem ser verdades um pouco esquecidas, mas comuns.

A prosa não é uma atividade que busca seu fim em si mesma. O escritor-prosador, diz Sartre, em *O que é literatura?*, "optou por revelar o mundo e, singularmente, o homem aos outros homens, para que estes tomem, diante do objeto assim desnudado, sua inteira responsabilidade".[4] É a própria forma da prosa literatura que o faz representar esse papel de mestre da

---

3 Sartre, *Saint Genet*, p.288.
4 Id., *Qu'est-ce que la littérature?*, p.31.

responsabilidade e, portanto, da liberdade; é que o "universo do escritor apenas se desvendará em toda a sua profundidade através do exame, da admiração, da indignação do leitor".[5] Ora, se cabe ao leitor, finalmente, decidir sobre o sentido de minha obra, eu o incito constantemente a exercer sua liberdade; reciprocamente, como leitor, através de meu próprio gesto de leitura, reconheço a liberdade do escritor. Esta é a razão pela qual "a arte da prosa é solidária ao único regime no qual a prosa mantém seu sentido: a democracia", e "escrever é uma certa maneira de querer a liberdade".[6] O *engajamento* sartriano nada mais é do que uma tomada de consciência dessa função inerente à prosa literária, ainda que ele tenha um duplo sentido: o escritor está "engajado", ao mesmo tempo, no sentido em que participa necessariamente de seu tempo, por estar em "situação", e no sentido em que assume seu papel de guia para a liberdade, e, portanto, para a superação dessa situação: "A cada palavra que digo engajo-me um pouco mais no mundo, e, ao mesmo tempo, dele me libero um pouco mais, pois eu o supero com vistas ao futuro".[7] A arte engajada não é uma arte submissa a objetivos políticos, mas uma arte consciente de sua identidade; ela se situa à mesma distância da "pura propaganda" (com a qual tendemos, por vezes, a associá-la) e do "puro prazer",[8] limite alcançado pela poesia. De qualquer maneira, a prosa (a literatura) é definida a partir de uma função social trans-histórica, que não pode ser tomada à ideologia individualista e relativista dos românticos porque ela remete

---

5 Ibid., p.79.

6 Ibid., p.82.

7 Ibid., p.29.

8 Ibid., p.356.

a valores absolutos. "Ainda que a literatura seja uma coisa e a moral outra, bem diferente, na base do imperativo estético discernimos o imperativo moral".[9]

Neste sentido, *Saint Genet* é menos explícito. Ocorre aqui que o prosador, em oposição ao poeta, é sempre aquele para quem "a linguagem se anula em proveito das ideias por ela veiculadas",[10] ela se mantém mais próxima da transparência em face da opacidade poética. Nesse livro é para outro aspecto da oposição que se volta Sartre: na poesia, estão em jogo o poeta e a linguagem, o papel do leitor é meramente passivo. Na prosa, no entanto, a linguagem é passiva e submissa ao essencial, que é a comunicação entre autor e leitor: "A prosa se fundamenta nessa reciprocidade de reconhecimento".[11] Ora, a comunicação é um ato social, e, portanto, a prosa tem função diversa daquela de ser ela mesma; ainda estamos fora do esquema romântico.

No entanto, um problema surge. O leitor é constitutivo da literatura, repete Sartre:

> O objeto literário é um estranho pião que só existe em movimento. Para fazê-lo surgir, é necessário um ato concreto designado leitura, e este só dura enquanto a leitura durar.[12]
>
> [...]
>
> Toda obra literária é um apelo. Escrever é fazer apelo ao leitor para que transponha para a existência objetiva o desvelamento que empreendi através da linguagem.[13]

---

9 Ibid., p.79.

10 Sartre, *Saint Genet*, p.509.

11 Ibid.

12 Sartre, *Qu'est-ce que la littérature?*, p.52.

13 Ibid., p.59.

Tzvetan Todorov

Toda a estrutura desse livro de Sartre tende a confirmar a importância da leitura e a do leitor: a pergunta que constitui o título do primeiro capítulo "O que é escrever?" não encontra sua resposta se não soubermos "por que escrever?" (título e tema do segundo capítulo); ora, apenas compreendemos o "porquê" através de uma terceira questão (e de um terceiro capítulo): "para quem escrevemos?", ponto essencial da obra inteira.

Ora, este leitor, pensa Sartre, é necessariamente *um* leitor situado no tempo e no espaço. A identidade de um ato literário é, portanto, historicamente determinada. "Ainda que deseje louros eternos, o escritor fala a seus contemporâneos, a seus compatriotas, a seus irmãos de raça ou de classe".[14] Isso não teria importância se o papel do leitor fosse limitado; como é, ao contrário, decisivo, toda a literatura se acha amputada de sua dimensão universal. O leitor (e, portanto, também o autor e o próprio sentido da obra) caracteriza-se por sua *historicidade*;[15] e Sartre conclui com esta comparação célebre: "Parece que as bananas têm melhor sabor quando acabam de ser colhidas: de modo semelhante, as obras do espírito devem ser consumidas no próprio local onde foram produzidas".[16] Aquilo que é apenas uma questão de mais ou de menos para as bananas torna--se um imperativo para os livros: *o* melhor sentido é atribuído pelos leitores aos quais eles foram, originalmente, dirigidos. O esboço de história da literatura francesa, inserido no meio desse terceiro capítulo, ilustra o programa, uma vez que Sartre distingue alguns grandes períodos do passado, cada qual com

---

14 Ibid., p.88.
15 Ibid., p.90.
16 Ibid., p.96.

Crítica da crítica

uma relação particular entre autores e leitores: Idade Média, classicismo, século XVIII etc.; e coloca em evidência tudo aquilo que a literatura daquele período deve a essa relação.

Tal resultado tem algo de decepcionante. Não porque as análises de Sartre são — forçosamente — parciais e apressadas: não poderia ser diferente em uma escrita programática. Nem porque os fatos que revelam (a determinação das obras pela expectativa do público) não existam. Muito pelo contrário; e sabemos que essa sugestão de Sartre foi abundantemente explorada na "estética da recepção", que se desenvolve há uns vinte anos na Alemanha. Mas porque, nessa perspectiva de determinismo histórico, todos os gatos são pardos (ou, mais grave, só encontramos gatos): todos os escritores sofrem, de modo semelhante, a pressão da história por escreverem para o mesmo público. A experiência imediata da literatura nos faz sentir uma enorme diferença entre dois escritores contemporâneos; ora, o plano conceitual proposto por Sartre não permite estabelecer distinções entre Flaubert e os irmãos Goncourt. Sartre colocava, como ponto de partida, que a literatura era um espaço de interação: da situação particular e da liberdade universal. No final, entretanto, a imagem ficou empobrecida: a dimensão universal perdeu-se durante o percurso. Uma concepção historicista da literatura alcança o relativismo romântico e toda a diferença que deveria separar a prosa da poesia reduz-se, finalmente, a pouca coisa, já que aqui como ali reina a imanência; varia apenas sua natureza: estética, por um lado, histórica, por outro.

O próprio Sartre sente o perigo e dele se resguarda nas páginas que seguem sua breve história da literatura. "Se nele (nesse trabalho) devêssemos ver uma tentativa, ainda que superficial, de explicação sociológica, ele perderia qualquer significação".[17] Ele retorna à exigência dialética do início: seu objetivo era, diz-nos, "descobrir depois, ainda que idealmente, a essência pura da obra literária e, simultaneamente, o tipo de público – quer dizer, de sociedade – por ela demandada".[18] "É um caráter essencial e necessário da liberdade", ele ainda escreve, "estar *situada*. Descrever a situação não deveria atingir a liberdade".[19] No entanto, é o que acontece, e as frases de Sartre são apenas um erro lógico. A liberdade e a essência perderam--se no caminho; dispomos apenas da situação e da sociedade, o que é pouco. Ou, antes, Sartre habilmente dissimulou essas instâncias universais para apresentá-las novamente, como um prestidigitador, ao transformá-las em recompensa de uma busca da qual não conseguimos entrever o final: "O fazer literário não pode igualar-se à sua essência plena senão em uma sociedade sem classes".[20] Ao esperar, e nesse nosso mundo, que "ele demande o testemunho do bem e da perfeição divina, do Belo ou do Verdadeiro, um sábio [portanto, um escritor, um intelectual] sempre está do lado dos opressores. Cão de guarda ou farsante: a escolha cabe a ele".[21] Triste escolha; mas também, pífio resultado.

Se a literatura realiza sua essência apenas na sociedade sem classes, enquanto no mundo real ela está inteiramente em situação de, teremos aceito um presente insignificante porque

---

17 Ibid., p.183-4.
18 Ibid., p.186.
19 Ibid., p.184.
20 Ibid., p.191.
21 Ibid., p.193.

Crítica da crítica

este vinha acompanhado de uma bela promessa: reconhecemos aqui uma estrutura ideológica característica dos países do "socialismo real". Ora, a literatura, nós o sentimos intuitivamente, nos faz viver a todo instante seu pertencimento histórico particular *e* sua aspiração universal; ela é liberdade e, *ao mesmo tempo*, determinismo; e é essa intuição que gostaríamos de poder explicitar e explicar, ao invés de nos embalarmos com utopias paramarxistas.

A que se deve o fato de Sartre ter chegado a uma conclusão tão decepcionante, tendo partido de uma constatação correta — a pertinência do leitor? Ao compararmos as ideias de Sartre com as de Bakhtin — o qual veremos, lhe é próximo em muitos aspectos —, encontramos, talvez, uma resposta. Bakhtin também tende sempre a realçar o papel do leitor, que decide, tanto quanto o autor, o sentido de um texto; e não porque podemos projetar nele qualquer sentido, isto é, a desenvoltura que não teríamos razão de erigir como regra, mas porque o autor escreve visando um leitor, antecipando sua reação, e porque ele próprio é um leitor de seus predecessores. Mas, ao lado desses destinatários particulares e históricos, diz Bakhtin, o autor ainda imagina outro, um "supradestinatário", cuja compreensão seria absolutamente correta e que não teria nenhuma limitação:

O autor jamais pode abandonar-se, inteiramente, ele próprio e toda a sua obra verbal, à vontade completa e *definitiva* dos destinatários presentes ou próximos (os descendentes próximos podem igualmente enganar-se), e ele sempre imagina (de modo menos ou mais consciente) uma espécie de instância superior de compreensão capaz de responder [...]. Isto decorre da natureza do discurso, que sempre quer ser ouvido, que sempre busca uma compreensão que responda, e que não se satisfaz com a compreensão mais próxima, mas abre um caminho cada vez mais longo (sem limites).[22]

Esse esquecimento do supradestinatário não teria conduzido Sartre às conclusões historicistas de *O que é literatura*?

Talvez o próprio Sartre tenha experimentado uma certa insatisfação diante de seu programa, pois suas obras dedicadas à literatura não o ilustram com facilidade. Trata-se de quatro livros (e de um certo número de artigos): *Baudelaire* (1947), *Saint Genet: ator e mártir* (1952), *As palavras* (terminado em 1954, publicado em 1963) e *O idiota da família* (três tomos, 1971 e 1972). Os próprios temas desses livros o sugerem: trata-se de quatro escritores (Baudelaire, Genet, o próprio Sartre e Flaubert), e não quatro públicos; o autor está presente nas análises de Sartre, não mais como um leitor real e histórico, que existe fora do livro; não, trata-se, antes, do leitor imaginado e construído por cada um de seus autores, interno, portanto, à sua obra. Nesses livros, permanecemos resolutamente do lado do escritor.

Isto é tão verdadeiro que poderíamos hesitar em incluir essas obras no gênero "crítica"; trata-se de biografias "existenciais", que, em dois casos (Sartre e Flaubert), param antes da verdadeira criação literária. De resto, é o projeto explícito de Sartre. As primeiras frases de *O idiota da família* dizem:

---

22 Bakhtin, *Estetika...*, p.306.

Crítica da crítica

Seu tema: o que podemos saber sobre um homem em nossos dias? Pareceu-me que não poderíamos responder a essa questão senão pelo estudo de um caso concreto: o que sabemos – por exemplo – de Gustave Flaubert?[23]

Há, certamente, provocação neste "por exemplo"; mas é efetivamente o homem que interessa a Sartre, não o escritor. Tal era já o projeto de *Saint Genet*: tratar de uma pessoa em sua totalidade";[24] e a última frase de *Baudelaire* diz:

As circunstâncias quase abstratas da experiência permitiram--lhe testemunhar com uma clareza inigualável esta verdade; a livre escolha que o homem faz de si mesmo identifica-se absolutamente com o que designamos seu destino.[25]

Baudelaire, portanto, é apenas a testemunha – particularmente eloquente, é certo – de uma verdade humana geral; a literatura não interfere muito nisso.

No entanto, trata-se, na verdade, nos quatro casos, de escritores; a escolha não deve ser totalmente fortuita; a tese defendida por Sartre em suas biografias retoma uma parte da problemática de *O que é literatura?* Aquela da relação entre liberdade e determinismo; e se na obra programática Sartre pendia, quase contra a sua vontade, para o determinismo, aqui, como para melhor demonstrar que não é isso, ele invoca o princípio da liberdade. Por essa razão não se trata mais do público, e, por essa razão,

---

23 Sartre, *L'Idiot de la famille*, t.I, p.7.
24 Id., *Saint Genet*, p.536.
25 Id., *Baudelaire*, p.245.

o "destino do homem" identifica-se com a livre escolha feita por ele. Esta seria também a intenção de *Saint Genet*: "mostrar os limites da interpretação psicanalítica e da explicação marxista", isto é, das análises causais; "reencontrar a escolha que um escritor faz de si mesmo", "retraçar detalhadamente a história de uma liberação".[26]

Portanto, mais do que fatalidade, a vida é liberdade. Mas, e quanto às obras? Sartre não aborda a questão diretamente, entretanto toda a sua prática o testemunha. Confrontado com as obras (com o que mais poderíamos ser confrontados em Baudelaire ou em Flaubert, qual outra razão teríamos para escolher esses "exemplos", esses "testemunhos"?), ele analisa as vidas, ele escreve biografias: é difícil não pensar que apenas uma relação causal entre umas e as outras justifique tal escolha. E então o determinismo, antes repudiado, retorna aqui com intensidade, e, com ele, a explicação historicista da literatura e o relativismo dos modernos. A recusa em ocupar-se das "mensagens intemporais" que proclamava o primeiro capítulo de *O que é literatura?* nada tinha de fingido.

Uma longa nota de *Saint Genet*, feita ela mesma de outras duas, determina as ideias de Sartre sobre a crítica: mais do que subjetiva, a crítica é objetiva. Entendemos por isto que mesmo se o crítico projeta sua personalidade sobre a obra estudada (e, portanto, também sobre sua época, seu meio etc.), ele finalmente se submete a um objeto que existe fora dele:

> Se a objetividade, em certa medida, é deformada, ela também é bastante *revelada*.[27]

---

26 Id., *Saint Genet*, p.536.
27 Ibid., p.517.

Crítica da crítica

Sem dúvida, o crítico pode "forçar" Mallarmé, *trazê-lo para si*; esta é justamente a prova de que ele pode esclarecê-lo em sua realidade objetiva. [...] Em uma *boa* obra crítica, encontraremos muitas informações sobre o autor criticado e algumas sobre o crítico. [...] Contra as banalidades subjetivistas que tentam, por toda parte, confundir o leitor, devemos restaurar o valor da objetividade.[28]

Objetividade: portanto, independência do contexto (do crítico) no anti-historicismo. Mas, trata-se de qual objetividade? As duas notas à nota dão dois exemplos bem diferentes. A primeira cita, como instância de "verdade trans-histórica": "Descartes escreveu o *Discurso do método*". É uma verdade objetiva, mas ela nada tem de absoluto (de "eterno", diz Sartre): uma verdade de fato, que é apenas uma preliminar ao trabalho do crítico, o qual começa, propriamente, apenas com o trabalho de interpretação. A segunda nota oferece um exemplo bem mais interessante de recusa do subjetivismo: "'Desaprovo a pena de morte', dizia Clemenceau. Barrès, que gostava da guilhotina, dizia: 'O senhor Clemenceau não suporta ver sangue'.". A condenação da pena de morte tem uma objetividade de natureza bem diferente; ela pode não ser verdadeira com relação aos fatos, mas ela aspira à justiça universal; e, evidentemente, é falacioso reduzi-la à expressão de uma inclinação pessoal.

Essa objetividade, no entanto, é rara na obra de Sartre. Em sua reflexão crítica, ele fica mais do lado de Barrès que de Clemenceau. Senão, qual seria o interesse em saber que o artista "sempre está do lado dos opressores"? Por que nos dizer, após

---

28 Ibid., p.518.

ter constatado que os críticos insistem nas "mensagens", que "o crítico vive mal, sua mulher não lhe tem o devido apreço, seus filhos são ingratos, os finais de meses são difíceis".[29] Por que razão, para compreender Flaubert e Baudelaire, Genet e Sartre, é necessário escrever suas biografias — a menos que o sentido de suas obras, longe de ser objetivo e universal, assim como a condenação da pena de morte, depende, como as opiniões de Clemenceau segundo Barrès, de suas inclinações individuais?

Não confundamos os dois sentidos da oposição subjetivo/objetivo. Aquele no qual pensa Sartre na anedota sobre Barrès está próximo da oposição entre particular e universal: reduzível às circunstâncias ou em relação com o absoluto. Em outra passagem, entretanto, Sartre assimila sujeito e vontade (e liberdade), objeto e submissão (e determinismo); o sujeito sou eu; o objeto é o outro, enquanto não reconheci nele uma dignidade igual à minha, enquanto não lhe cedo a palavra.

> Sou sujeito para mim na mesma medida em que meu próximo é objeto a meus olhos. [...] Um chefe jamais é objeto aos olhos de seus subordinados ou então ele está perdido; raramente ele é sujeito para seus superiores.[30]

Ora, ao tratar da crítica, Sartre passa, insensivelmente, do primeiro sentido ao segundo: "O homem é objeto para o homem", ele escreve, visando combater a subjetividade crítica.[31]

---

29 Sartre, *Qu'est-ce que la littérature?*, p.36.
30 Id., *Saint Genet*, p.542.
31 Ibid., p.518.

Crítica da crítica

E, sob essa perspectiva, a crítica de Sartre é bastante objetiva (enquanto ela continuava subjetiva no primeiro sentido da palavra por conformar-se ao argumento Barrès). De Sartre a Genet, de Sartre a Baudelaire, a Flaubert, não há diálogo: há, por um lado, Sartre que fala, que se funde com a verdade universal (pois cada caso o ilustra: Baudelaire, assim como Genet, escolhe sua vida) que estuda seu autor, que o abrange por completo, que o transforma, literalmente, em objeto. Alguém o faz observar que, quanto a Genet, é uma maneira de identificar o vivo com o morto. Ele protesta: "Por que *eu* deveria enterrá-lo? Ele não me perturba".[32] Genet, mesmo se sentido atingido, se refez. A tolerância, entretanto ("ele não me perturba") basta? Por outro lado, efetivamente, há os autores privados de voz, cujas obras são reduzidas à subjetividade histórica e, ao mesmo tempo, à objetividade da coisa. Outros são privados de sua capacidade de superar a singularidade de sua situação; ele próprio intervém apenas como detentor da verdade impessoal. Se a relação sujeito-objeto é hierárquica, em nome de que o crítico, general de um exército morto, deteria a superioridade?

Mas, para haver diálogo, seria necessário acreditar que a busca comum da verdade é legítima. Ora, para Sartre, que espera a sociedade sem classes, a verdade é ou um dogma indiscutível (é a filosofia existencial, enunciada sempre em um tom peremptório, ainda que o conteúdo das afirmações mude de um livro para outro), ou singular, relativa a um contexto, a uma vida, a um meio. Sartre passa sem transição do dogmatismo ao ceticismo, sem pausa, fechado, sempre, em seu monólogo.

---

32 Ibid., p.528.

É preciso, entretanto, acrescentar aqui que as obras de Sartre não se reduzem às ideias a elas veiculadas. Uma primeira maneira de descrever esse excesso de sentido já reside nessa constatação: elas tornam necessária a distinção entre a ideia e a obra, por tratar-se de obras críticas. Não é simplesmente porque são, como se diz, "bem escritas". É evidente, elas o são; não apenas devido à facilidade da elocução, mas também pela felicidade da metáfora ("Sua frase delimita o objeto, prende--o, imobiliza-o, persegue-o, fecha-se sobre ele, transforma-se em pedra e o petrifica consigo"[33]) e pela vivacidade do traço polêmico ("Há algo em comum, e que não é o talento, entre Joseph de Maistre e M. Garaudy [...]. M. Garaudy acusa-me de ser um coveiro [...]. Prefiro ser coveiro a ser lacaio"[34]). Essas riquezas do estilo, entretanto, não teriam sido suficientes para modificar o estatuto das ideias; ora, é bem isto o que ocorre. Os romances de Sartre foram criticados por serem filosóficos demais; por sorte, seus escritos críticos estão próximos do romance. Não que a escrita romanesca seja intrinsecamente superior a qualquer outra; mas, talvez sem se dar conta, Sartre modifica nossa percepção do gênero crítico (e, por esta razão, de todo conhecimento do homem). Sua própria descrição desse gênero como uma objetividade desvinculada de alguma subjetividade é, visivelmente, um pouco concisa; se não, por que Sartre escreve esses livros com formas inéditas? É compreensível para *Baudelaire*, um ensaio bastante curto, ou para *As palavras*, quase uma autobiografia; mas *Saint Genet*! Pede-se a Sartre um prefácio, ele traz um volume enorme, no qual

---

33 Sartre, *Qu'est-ce que la littérature?*, p.162.
34 Ibid., p.308, 317.

conta um romance, produz análises estilísticas, reflete sobre a alteridade. Ocorre então um risco (formal) evidente que seria incompreensível se essa forma, ou, antes, a impossibilidade de dela libertar-se, não pudesse significar alguma coisa. O mesmo acontece com *O idiota da família*, exceto que, aqui, a aposta está perdida: o projeto é reprimido por sua própria hipertrofia, e o livro, sem ser ilegível, não será lido. Mas perde apenas aquele que se arriscou.

Não quero absolutamente afirmar que seja preciso deleitar--se com as frases de Sartre "por si mesmas", como ele imaginava que devêssemos nos deleitar com a poesia (o que constituiria uma visão romântica da crítica). Mas antes: Sartre descobriu em sua prática, mais do que em sua teoria, que, no conhecimento do homem e de suas obras, a "forma" tomada por nossa busca é indissociável da própria busca. O estilo metafórico de Sartre é também uma necessidade, não um ornamento. *Saint Genet* é apenas um livro de crítica, e, no entanto, sua leitura é uma aventura: esse é o mistério. Por que isto é assim, o que significa essa ponte lançada entre a "prosa" e a "crítica", nós não o sabemos ainda; mas é certo que, pela influência muitas vezes obscura que exerceram os livros de Sartre (e não mais suas ideias), toda a nossa imagem da crítica viu-se profundamente modificada.

II

A obra de Blanchot crítico é tão brilhante que acaba causando problema. Suas frases, ao mesmo tempo límpidas e misteriosas, exercem uma atração incontestável; no entanto, o efeito final é paralisante: qualquer tentativa de interpretar Blanchot em linguagem diferente da sua parece ser um interdito não pronunciado; a alternativa diante da qual nos achamos parece esta: admiração silenciosa (pasmo) ou imitação (paráfrase, plágio). Um número da revista *Critique*, de 1966, dedicado à obra de Blanchot, ilustra bem a segunda variante (com exceção de Poulet e De Man). Ainda é Blanchot quem parece escrever sob a pena de Michel Foucault: "a invencível ausência", "o vazio que lhe serve de lugar", "lei sem lei do mundo", "a presença real, absolutamente longínqua cintilante, invisível";[35] ou, a de Françoise Collin: "o silêncio é palavra, a memória, esquecimento, a verdade, erro";[36] ou a de Jean Pfeiffer: "nenhum lugar acaba sendo, de certa maneira, o fundo deste espaço sem fundo".[37] Alguns declaram abertamente: "Este comentário, temo, é apenas uma espécie de paráfrase [...]. É difícil falar de Blanchot sem sentir uma estranha fascinação, sem ser cativado pela própria voz do escritor" (J. Starobinski).[38] "Tudo aqui deve ser dito na modalidade do 'talvez', como o faz o próprio Blanchot" (E. Lévinas).[39] Paráfrase ou silêncio: isto é o que parece ser reservado a todos aqueles que tentam compreender Blanchot; uma bela frase de Roger Laporte recomenda a segunda atitude ao praticar a primeira:

> Fechados todos os livros, se perguntarmos: "mas, finalmente, o que nos diz a obra de Blanchot?", sentimos que é impossível

---

35 *Critique*, n.229, 1966, p.526-7.
36 Ibid., p.562.
37 Ibid., p.577.
38 Ibid., p.513.
39 Ibid., p.514.

responder, que não há resposta para esta pergunta. Uma fala diz, mas ela não diz nada, ela apenas diz; fala vazia, mas, de forma alguma, fala do vazio; ela não mostra, mas designa; e assim, por esta mesma fala, o desconhecido se põe a descoberto e permanece desconhecido.[40]

Após essas imposições explícitas ou implícitas, sentimo-nos, antecipadamente, cometendo um erro se tentarmos romper "o estranho fascínio" e procurarmos saber o que, exatamente, Blanchot diz a respeito da literatura e da crítica. No entanto, a linguagem é um bem comum; as palavras e as construções sintáticas possuem um sentido que nada tem de individual. A poesia é intraduzível, dizem; o pensamento, no entanto, não o é; ora, deve haver, nas milhares de páginas de crítica publicadas sob esse nome, um pensamento de Blanchot. Portanto, vou aceitar o ingrato papel do boçal e procurar traduzir em meus termos esta fala que nada diz.

A reflexão de Blanchot sobre a literatura nasce do comentário de algumas frases de Mallarmé, recordadas através de toda a sua obra.

Mallarmé escreve: "duplo estado da fala, bruto ou imediato aqui; essencial, ali": e Blanchot comenta:

> Por um lado, a fala útil, instrumento e meio, linguagem da ação, do trabalho, da lógica e do saber, linguagem que, imediatamente, transmite e que, como todo bom instrumento, desaparece com a regularidade do uso. Por outro, a fala do poema e

---

40 Ibid., p.589-90.

Tzvetan Todorov

da literatura, para a qual falar não é mais um meio transitório, subordinado e usual, mas a busca por realizar-se em uma experiência própria.[41]

A palavra da língua cotidiana é "a do uso, usual, útil"; através dela, estamos no mundo, somos remetidos à vida do mundo, onde falam os objetivos e se impõe a preocupação de resolvê-los. [...] A fala essencial é, neste sentido, oposta. Por si mesma ela é impositiva, ela se impõe, mas ela nada impõe".[42] Na poesia, as palavras "não devem servir para designar algo, nem para dar voz a alguém, mas elas têm seu fim em si mesmas".[43]

A fala poética é uma fala intransitiva, que não tem serventia; ela não significa; ela é. A essência da poesia está na busca, por ela realizada, de sua origem. Tais são os lugares comuns românticos que Blanchot lê em Mallarmé e que dominarão a doutrina exposta em *O espaço literário* e em *O livro por vir*.

O pensamento de Blanchot se molda, aqui, sobre um esquema histórico de inspiração hegeliana. Em dois séculos, a arte sofre uma dupla transformação: ela perdeu sua capacidade de engendrar o absoluto, de ser soberana; a perda dessa função externa, entretanto, é compensada por uma nova função, interna: cada vez mais, a arte se aproxima de sua essência. Ora, a essência da arte é, tautologicamente, a própria arte; ou antes, a própria possibilidade da criação artística, a interrogação sobre o lugar de onde ela surge (nesse sentido, essa ideia aparenta-se, ainda, com a doutrina romântica que valoriza, na

---

41 Blanchot, *Le Livre à venir*, p.147.
42 Id., *L'Espace littéraire*, p.32.
43 Ibid., p.34.

Crítica da crítica

arte, sua produção e seu devir). As palavras-chave de Blanchot serão, portanto: origem, início, busca. Apenas em nossos dias, após ter sido divina e humana e não podendo mais sê-lo, a arte transforma-se nessa busca obstinada por sua origem. Em nossos dias,

> o que a arte quer afirmar é a arte. O que ela busca, o que ela procura realizar é a essência da arte. [...] Tendência que podemos interpretar de maneiras diferentes, mas que revela, intensamente, um movimento que, em graus diversos e em conformidade com esquemas próprios, atrai todas as artes para si mesmas, concentra-as na preocupação com sua própria essência, torna-as presentes e essenciais.[44]

Todos os escritores autenticamente modernos, todos aqueles que compõem o panteão de Blanchot, caracterizam-se, precisamente, por este traço. Hölderlin, Joubert, Valéry, Hofmannsthal, Rilke, Proust, Joyce, Mann, Broch, Kafka, Beckett — reunidos, como os contemporâneos em Sartre, afirmam uma única e mesma coisa: tristemente semelhantes uns aos outros, eles repetem que a arte é uma busca da origem da arte.

O que chama a atenção nesse esquema não é apenas sua extrema fragilidade empírica, maior ainda do que a da história literária proposta por Sartre, mas também este outro traço bastante hegeliano: o privilégio excessivo concedido ao tempo presente. Privilégio que Blanchot defende abertamente, sem jamais colocá-lo em dúvida: em nossos dias, ele escreve, "a

---

44 Ibid., p.228-9.

Tzvetan Todorov

arte aparece pela primeira vez como uma busca na qual algo de essencial é posto em questão"[45] e, mais adiante:

> Em nossos dias, trata-se manifestamente de uma modificação bem mais importante [do que à época da Revolução Francesa] na qual se reúnem todas as provocações anteriores, aquelas que ocorreram no tempo da história para provocar a ruptura da história.[46]

O momento presente é aquele em que culmina, e, por isso mesmo, em que se abole qualquer história...

A intransitividade da fala, a obra voltada para sua própria origem, constituem, talvez, as características de uma certa produção literária, durante um certo período, na Europa ocidental; características de uma cultura à qual pertence Blanchot. Mas por qual razão ele – que gosta de proclamar, sob outra perspectiva, a necessidade de reconhecer o outro – tem olhos apenas para aqueles que com ele se parecem? Os exemplos contradizendo essa descrição da literatura são abundantes demais e vêm facilmente à mente, desnecessário citá-los. Por qual motivo ele não se dá conta de que, enquanto declarava o romance "uma arte sem futuro", em outra parte, ou mesmo aqui, o romance iria conhecer novas e surpreendentes transformações que o colocariam longe da fala intransitiva, bem como da simples busca de sua própria origem? Tudo o que podemos afirmar é que a obra de Blanchot testemunha, implicitamente,

---

45 Blanchot, *L'Entretien infini*, p.229.
46 Ibid., p.394-5.

Crítica da crítica

a aceitação deste ideal, e de nenhum outro, pois ela mesma torna-se fala intransitiva, questão incansavelmente proposta, mas nunca resolvida; explicitamente, ela declara que nós (mas quem somos "nós"? Os ocidentais? Os europeus? Os parisienses?) constituímos o momento último, intransponível da história. Supondo, ainda, que a descrição de nossa época feita por Blanchot seja fiel, por qual razão o presente seria o tempo superior? Não ocorreria aqui algum resquício daquilo que os psicólogos designam "ilusão egocêntrica"?

Blanchot não se contentou em praticar crítica, ou de fazer, de passagem, referência a ela; ele lhe dedicou também um curto texto intitulado "Qu'en est-il de la critique?" [Qual é o propósito da crítica?], publicado no início de seu *Lautréamont e Sade* (1963, reed. 1967). Ele parte aqui do que considera uma evidência: é que o ideal da interpretação é tornar-se invisível, sacrificar-se sobre o altar da compreensão da obra. Poderíamos acreditar que tal experiência implica uma descontinuidade radical entre a literatura e a crítica – uma afirma, a outra se apaga – e proíbe ao crítico assumir uma voz que lhe seria própria. Esta seria comum a Blanchot e à crítica histórica do início do século XX (Lanson: "Queremos ser esquecidos, e que se veja apenas Montaigne e Rousseau"), assim como às descrições "científicas" realizadas em nossos dias, através das quais acredita-se eliminar qualquer subjetividade, substituindo as palavras por fórmulas. Se há diferença no ideal de um e dos demais, ela reside apenas na elegância com a qual Blanchot se exprime: ele diz, por exemplo, que a crítica é como a neve que, ao cair, faz vibrar um sino; que ela deve apagar-se, desaparecer, dissipar-se. O crítico "nada faz além de dar voz à profundidade da obra".[47] "O discurso crítico sem duração, sem realidade, deveria dissipar-se diante da afirmação criadora: nunca é ela quem fala, quando fala".[48]

Mas, ainda que endosse o mesmo ideal ("imanente" e "romântico") do historiador, ou o ideal "científico", Blanchot não percebe a crítica como algo radicalmente diferente da literatura – muito pelo contrário. Ele não se contenta, como Sartre, em escrever livros de crítica tão belos quanto romances: desta continuidade, ele também faz teoria. Se o ponto de partida é o mesmo daquele dos demais, "imanentistas", enquanto o resultado é completamente diferente, é porque sua ideia, no que diz respeito à literatura, é também radicalmente diferente. Para estes, não ocorre nenhum problema: Rousseau "quer dizer" algo, e é isto o que deve ser evidenciado; ou, de qualquer maneira, *Júlia ou a nova Heloísa* tem uma estrutura passível de ser descrita. Ora, para Blanchot, nós o vimos, a obra é apenas a busca da obra. Ela não é algo que revelaria plenitude de sentido, ainda que o crítico se apague; ela própria é extinção, "movimento de desaparecimento".[49] As afirmações da obra são uma ilusão, sua verdade é a ausência de toda preocupação com a verdade, substituída por uma busca de sua própria origem. Literatura e crítica encontram-se nesse movimento: como a obra, "a crítica está associada à ideia da busca da possibilidade da experiência literária" e, portanto, "por desaparecer diante da obra, ela retoma a si mesma, e como um de seus momentos essenciais".[50]

---

47 Blanchot, *Lautréamont et Sade*, p.10.
48 Ibid., p.111.
49 Ibid., p.12.
50 Ibid., p.13-4.

Crítica da crítica

Se não partilhamos a concepção de Blanchot referente à literatura, não podemos escrever, como ele, "a crítica — a literatura — me parece...".[51] Mas, mesmo se não o fazemos, podemos manter sua descrição do ato crítico como inteiramente imanente à obra analisada e fundamentar, a esse respeito, outra exigência feita à crítica literária, que é: renunciar a toda transcendência e, portanto, a toda referência aos valores (exigência que Blanchot tem em comum, novamente, com o projeto do historicismo e com o do estruturalismo). Na obra de Blanchot, entretanto, os dois são solidários: porque o romance ou o poema "procura afirmar-se distanciado de qualquer valor", "que ele foge de qualquer sistema de valores"[52] e porque a crítica deve ser como a literatura que ele lhe confere este programa: ela deve ser "associada a uma das tarefas mais difíceis, porém mais importantes de nossos dias [...]: a tarefa de preservar e de libertar o pensamento da noção de valor".[53]

Essa frase me faz pensar (supondo, bem entendido, que as frases de Blanchot digam algo — e não nada; mas não vejo por qual razão poderíamos ter dúvidas, neste caso)... Que os "valores" estejam abalados, em nossos dias, é um fato. Podemos considerar esse estado das coisas irreversível e nos resignar com a impotência; ou, então, tentar caminhar na contracorrente e buscar novos valores, nos quais seria possível acreditar. A destruição dos valores nada tem de difícil: ela ocorre todos os dias, sob nossos olhos. Entretanto, conceber os valores como um tirano de quem devemos libertar o pensamento, e trans-

---

51 Ibid., p.15.
52 Ibid., p.14.
53 Ibid., p.15.

formar essa liberação na tarefa mais importante da crítica e da literatura, revela um ideal bem singular.

A própria escrita de Blanchot confirma, a cada instante, essa preocupação em libertar o "pensamento" de qualquer referência aos valores e à verdade; de qualquer pensamento, poderia se afirmar. Muitas vezes disseram a seu respeito: seu "eu digo" é uma maneira de rejeitar qualquer "eu penso". A figura de estilo favorita de Blanchot é o oximoro, a afirmação simultânea disto e de seu contrário. "A literatura pode fazer-se, mantendo-se, perpetuamente, em ausência", ela é "profundidade e também falta de profundidade", ele escreve[54] e, mais adiante (*O livro por vir*): "plenitude vazia",[55] "sempre ainda por vir sempre já passado",[56] "o vazio como plenitude",[57] "um espaço sem lugar",[58] "uma face enorme que vemos e que não vemos",[59] "a realização não realizada",[60] "entretanto, o mesmo não é semelhante ao mesmo",[61] e assim por diante, indefinidamente (vimos que esta é a maneira mais fácil de "seguir Blanchot"). Mas afirmar, simultaneamente, A e não A é questionar a dimensão assertiva da linguagem e, efetivamente, produzir um discurso para além do certo e do errado, do bem e do mal.

É claro, pois, que os "valores" criticados por Blanchot não são apenas valores estéticos; ele não pede, simplesmente, que

---

54 Ibid., p.13-4.
55 Blanchot, *Le Livre à venir*, p.16.
56 Ibid., p.17.
57 Ibid., p.30.
58 Ibid., p.100.
59 Ibid., p.105.
60 Ibid., p.176
61 Ibid., p.271.

Crítica da crítica

a crítica deixe de nomear premiados; senão não se trataria de uma das tarefas "mais importantes de nossos dias". Esse niilismo revela, ainda, um pouco mais claramente, seu pertencimento ideológico, quando Blanchot propõe, em vez da referência à verdade e aos valores, "um tipo bem diferente [...] de afirmação".[62] Não há nada particularmente inédito nessa exigência: ela provém da tradição de Nietzsche e, ainda, de Sade, que valoriza a força em detrimento do direito (Sade e Nietzsche, dois autores favoritos de Blanchot).

Podemos dizer qualquer coisa com referência à literatura; isto nunca choca ninguém; os poetas são seres inatingíveis, a quem tudo é permitido. Mas essas frases de Blanchot extrapolam o limite da literatura e, sem dúvida, é esta a razão pela qual me escandalizo com elas. Em nossa época, após a Segunda Guerra Mundial, após as revelações sobre o nazismo e o *gulag*, descobrimos, com horror, até onde pode ir a humanidade quando renuncia aos valores universais e quando coloca, em seu lugar, a afirmação da força. É neste momento da história que Blanchot declara não apenas ser desnecessário deplorar a destruição dos valores, mas também ser necessário arregimentar a literatura e a crítica para esta nobre tarefa: esmagá-las ainda um pouco mais.

Dir-me-ão que incluo, injustamente, considerações políticas onde se trata apenas de coisas inofensivas, como a literatura. Essa passagem, entretanto, já se opera no texto de Blanchot. Sabemos que, antes da guerra, Blanchot se tornara porta-voz de um certo antissemitismo. Ele o renegou depois, e não é isso que criticarei aqui. Mas foi após a guerra que ele

---

62 Ibid., p.15.

propôs nosso engajamento no combate contra os valores. A revelação dos horrores nazistas não abalou essa convicção mesmo se, por outro lado, Blanchot fala com força e nobreza dos campos de extermínio; suas reações afetivas e pontuais não afetam seus princípios. Outros textos de Blanchot mostram-no singularmente tolerante em relação ao totalitarismo soviético; consciente da continuidade entre a "morte da filosofia" que lhe é cara e a revolução de Outubro, prefere aceitar esta última a renunciar àquela.

> A revolução de Outubro não é apenas a epifania do logos filosófico, sua apoteose ou seu apocalipse. Ela é a realização que o destrói [...]. Há um século e meio, sob seu nome, como sob o de Hegel, de Nietzsche, de Heidegger, é a própria filosofia que afirma ou realiza seu próprio fim.[63,64]

É sempre com um espírito de renúncia aos valores universais que ele reprova a Jaspers colocar, no mesmo plano, perigo nuclear e perigo totalitário.

> Onde fala o filósofo liberal e, com ele, uma boa parte dos homens, sem exame nem crítica, de totalitarismo, outros, e, com eles, uma grande parte dos homens fala de liberação e de realização da comunidade humana em seu conjunto.[65]

---

63 Blanchot, *L'Amitié*, p.102-3.

64 Uma vez não é hábito; permito-me remeter, com referência a esta questão da morte da filosofia e algumas outras a ela relacionadas a um recente artigo: L. Ferry e A. Renault, "Philosopher après la fin de la philosophie?", *Le Débat*, n.28, p.137-54, 1984.

65 Blanchot, *L'Amitié*, p.121-2.

Tendo repudiado os "velhos valores",[66] Blanchot equipara defensores e adversários do totalitarismo; na ausência de qualquer medida universal, isto se torna pura questão de ponto de vista: uns falam de um modo, outros falam de outro (deixemos de lado que, para Blanchot, os habitantes do mundo soviético pensam todos em conformidade com a ideologia oficial, enquanto Jaspers teria exposto sua condenação apenas por não ter conduzido um exame verdadeiramente crítico!).

Esta é, portanto, a face política da teoria literária de Blanchot; se aceitamos uma, é preciso assumir a outra. A ideologia relativista e niilista encontra nele uma espécie de resultado e, seus textos, longe de nada dizerem, dizem abertamente o que poderia ficar subentendido em outra parte; eles não são obscuros, são obscurizantes. Blanchot é, sem dúvida, um crítico-escritor, mas de uma espécie que, para mim, já pertence ao passado.

III

Uma relação afetiva me ligava a Roland Barthes enquanto ele era vivo e não cessou depois de sua morte. Nem mesmo posso ter a ilusão de imparcialidade quando preciso falar dele. Não apenas eu estaria, irresistivelmente, tentado a suprimir nele o que não me convém e a valorizar aquilo que me aproxima dele, mas não consigo encontrar, em mim, a força necessária para vê-lo como uma totalidade fechada, que pode ser apreendida, um objeto, como Genet tornou-se para Sartre. Não é, portan-

---

66 Ibid., p.122.

to, de Roland Barthes que tratam as páginas a seguir, mas de "meu Barthes".

Essa parcialidade não me impede, acredito, de ver tudo o que, em seus escritos, provém da síndrome "romântica" e, portanto, não fornece matéria à presente investigação. Eu o recordo em apenas algumas palavras, a título de informação. Sua definição de literatura mantém, principalmente, duas características que lhe atribuíam os românticos: intransitividade e pluralidade de sentidos. A intransitividade lhe vem, talvez, de Sartre; mas ela é estendida a toda a literatura, e não mais apenas à poesia: "O ato literário [...] é um ato absolutamente intransitivo", "para o escritor, *escrever*, é um verbo intransitivo";[67] é ela quem estabelece a oposição escritor/escrevente (poesia/prosa em Sartre; poesia e escrevência em Döblin). A ambiguidade, a pluralidade dos sentidos, o infinito das interpretações é um lugar comum moderno, do qual é difícil seguir o percurso exato; esse traço da literatura estabelece, em Barthes, as oposições entre legível e escrevível, entre obra e texto (sempre o último termo é mais valorizado).

O Texto é plural. Isto não quer apenas dizer que ele tem vários sentidos, mas que ele realiza o próprio plural do sentido: um plural *irredutível*.[68]

Sua concepção da crítica tal como é encontrada, por exemplo, em um breve texto intitulado "Qu'est-ce que la critique?"

---

67 Barthes, *Essais critiques*, p.140, 149.
68 Id., De l'oeuvre au texte, *Revue d'esthétique*, n.3, p.227-8, 1971; retomado em *Le Bruissement de la langue*.

Crítica da crítica

(compilado em *Ensaios críticos*), é, da mesma maneira, igualmente "romântica". Spinoza desejava que renunciássemos à questão da verdade para nos preocuparmos apenas com o sentido. Barthes dá um passo adiante na mesma direção: a tarefa do crítico não é a de "decifrar o sentido da obra estudada, mas a de reconstituir as regras e as imposições de elaboração desse sentido",[69] "o crítico não precisa reconstituir a mensagem da obra, mas apenas seu sistema",[70] a "tarefa crítica" é "puramente formal":[71] estranho voto de pobreza. Quanto à verdade, ela é refutada em todas as acepções do termo. Por um lado, fundamentando-se em uma assimilação falaciosa entre crítica e lógica (falaciosa, pois uma tem um objeto empírico e a outra não), Barthes afirma que a crítica deve contentar-se apenas com a "validade" da coerência interna, sem referência ao sentido. O modelo explícito da crítica, para Barthes, é a linguagem; mas se a linguagem, tomada como um todo, não é nem verdadeira nem falsa, cada enunciado pode sê-lo; o mesmo ocorre com a crítica; o modelo não nomeado é, de fato, o jogo, não a linguagem: um sistema de regras desprovido de sentido. Por outro lado, pensando que a única verdade com a qual a própria literatura deveria lidar é uma verdade de adequação (Charlus é o conde de Montesquiou), ele a refuta, julgando que a crítica não deve ocupar-se dela; certamente. Mas a literatura jamais aspirou a esse tipo de verdade, e o romance de Proust é "verdadeiro" em um sentido totalmente diferente da palavra (que Spinoza não ignorava, quando se questionava sobre a verdade

---

69 Id., *Essais critiques*, p.256.
70 Ibid., p.257.
71 Ibid., p.255-6.

da Bíblia). A atual coexistência de várias ideologias, de vários pontos de vista, parece a Barthes uma razão suficiente para que a crítica deixe, para sempre, de "falar com precisão em nome de princípios verdadeiros".[72] Barthes combina, portanto, um historicismo radical (nenhuma verdade geral, apenas ideologias pontuais) com um desinteresse pela história: ele sabe que, em sua obra, o diálogo crítico "está, de modo egoísta, inteiramente exilado para o presente".[73]

Finalmente, no plano dos princípios mais gerais, com os quais raramente Barthes se preocupa, não ficaremos surpresos em encontrar, junto ao relativismo, uma reivindicação explícita do individualismo, mesmo que contestável, no plano histórico:

> Há duzentos anos, estamos habituados pela cultura filosófica e política a valorizar muito, digamos, o coletivismo em geral. Todas as filosofias são filosofias da coletividade, da sociedade, e o individualismo é muito malvisto. [...] Talvez seja preciso [...] não se deixar intimidar por esta moral, difundida em nossa sociedade, que é a do superego coletivo, com seus valores de responsabilidade, e de engajamento político. Talvez seja preciso aceitar o escândalo de posições individualistas.[74]

O individualismo, no entanto, já não mais escandaliza ninguém há muito tempo; ele é, de fato, nossa "ideologia dominante"! Bem como não escandalizam Sade e Nietzsche, autores admirados por Barthes, como o eram por Blanchot.

---

72 Ibid., p.254.
73 Ibid., p.257.
74 Barthes, *Le Grain de la voix*, p.239.

Esse conjunto de ideias está bastante presente nos escritos Barthes, é verdade. Mas não é apenas a simpatia pela pessoa que me faz pensar que não devemos lhes conferir demasiada importância. É também o estatuto que têm as ideias no discurso de Barthes. Se, no interior de cada texto, podíamos tomar essas frases como expressão de seu pensamento, o conjunto dos textos revela que isto não ocorre, porque nos damos conta de que Barthes muda constantemente de posição, que para ele basta formular uma ideia para dela desinteressar-se; e que essa mudança constante não pode ser explicada por alguma leviandade, mas por uma atitude diferente com relação às ideias. Tal como um escritor público, Barthes preocupa-se em encontrar, para cada ideia, a melhor formulação, o que, no entanto, não o leva a assumi-la. Isto também é fielmente descrito em seu *Roland Barthes por Roland Barthes*: sua escrita é um "roubo de linguagem";[75] "com relação aos sistemas que o cercam, o que se passa? Parece uma câmara de ecos: ele reproduz mal os pensamentos, ele segue as palavras".[76] E acrescenta esta frase que figura também na capa de seu livro: "Tudo isto deve ser considerado como se tivesse sido dito por um personagem de romance — ou, antes, por vários".[77]

A palavra "romance" não aparece por acaso. É, efetivamente, no estatuto da ficção que levam a pensar essas ideias não assumidas: o autor faz seus personagens falarem, sem identificar-se com o que dizem. Ocorre uma dupla diferença em relação ao romance: é que, no momento da enunciação das frases, esses

---

75 Id., *Roland Barthes* (ed. franc., 1975), p.96, 142.
76 Ibid., p.78.
77 Ibid., p.123.

personagens eram invisíveis (foi preciso esperar 1975 e *Roland Barthes*, para saber, pelo próprio Barthes, que ele não acreditava naquilo; nada, em "Qu'est-ce que la critique?" indica que ele não aprova o que afirma, que tudo é apenas "roubo de linguagem"); e que, em vez de apresentarem simples propostas, esses personagens enunciam discursos teóricos, uma palavra de domínio, para a qual a dimensão de verdade é o que mais importa. Barthes pode, portanto, dizer de si mesmo: "Quanto a mim, não me considero um crítico, mas, um romancista, escritor, não de romance, é verdade, mas do 'romanesco'";[78] e em *Roland Barthes*, esclarece: "O ensaio pretende ser *quase* um romance: um romance sem nomes próprios".[79] Enquanto enunciados, ensaio e romance divergem: um refere-se ao mundo dos indivíduos, o outro, não; eles se parecem, entretanto, no modo de sua enunciação: aqui e ali um discurso não assumido, uma ficção.

Barthes junta-se, portanto, aos demais críticos-escritores, não apenas pelas qualidades de seu estilo, mas porque põe de lado a dimensão da verdade na crítica, insistindo, ao contrário, sobre seu aspecto ficcional ou poético (no qual a linguagem deixa de ser um instrumento para tornar-se problema). Nisto reside, a seu ver, o traço característico da crítica de nossos dias:

> Se a nova crítica tem alguma realidade, essa realidade reside nisso: [...] na solidão do ato crítico, afirmado, a partir de agora, longe dos álibis da ciência ou das instituições, como um ato de plena escritura.[80]

---

78 Barthes, Réponses, *Tel Quel*, n.47, p.102, 1971.
79 Ibid., p.124.
80 Barthes, *Critique et vérité*, p.46-7.

Crítica da crítica

Com certeza, os livros produzidos por Barthes constituem, por sua própria forma, desafios à tradição do gênero: quem teria podido prever *S/Z, Roland Barthes por Roland Barthes, Fragmentos de um discurso amoroso?* Escândalo para alguns, encantamento para outros, os textos de Barthes eram os de um escritor cujas vicissitudes do destino teriam levado a fazer carreira no mundo das ideias e do conhecimento.

Se, realmente, ele tivesse escrito romances, toda a originalidade do gesto, é evidente, teria desaparecido. Ao final de sua vida, Barthes projetava escrever um "verdadeiro" romance, com descrições e nomes próprios. Mas não é certo que o projeto teria sido realizado: Barthes explicou que sentia um "ardente desejo de descrever aqueles que amo",[81] que, para tanto, contava com a escrita romanesca; mas o último texto que apresentou tinha o melancólico título: "Falhamos sempre ao falar do que amamos" (*O rumor da língua*). De qualquer forma, se tivesse escrito romances, Barthes teria apenas sido um romancista entre outros, assim como, quando relata verdadeiramente sua vida, em *A câmara clara* (ed. franc.: 1980), ele se torna um autobiógrafo ou um memorialista, entre outros (ainda que tivesse sido um dos melhores): não há mais invenção formal. A originalidade de Barthes deve-se a um *quase*; ela está, inteiramente, na transição entre os dois.

Não partilho a atitude de Barthes com relação à verdade: a literatura já tem uma relação com a verdade, e a crítica tem mais de uma. No entanto, aprovo a ideia de que o resultado da atividade crítica é um *livro*, e que esse fato é essencial. É que o trabalho de interpretação, mesmo derivando do conhecimento,

---

81 *Prétexte: Roland Barthes*, Colloque de Cerisy, 1978, p.368.

não se reduz, como o fazem a observação ou a formulação de leis gerais, ao puro enunciado de um estado de fato. A interpretação é a (re)construção de uma totalidade singular; quer se trate de um livro de história, ou de etnologia, ou de crítica literária (sem falar de todos os gêneros mistos), essa construção integra a própria afirmação que emitimos acerca do objeto analisado. Não se enganam os leitores que, no campo das "ciências humanas", esquecem as ideias, mas guardam os livros (mesmo se ocorre alguma injustiça nisso).

O desencadear da virtuosidade do discurso de Barthes teve efeito tranquilizador sobre a atmosfera de arrogância e de rivalidade que caracteriza a comunidade intelectual. Entretanto, passado esse efeito profilático e, em resumo, negativo, podemos nos perguntar: o que significa a renúncia ao discurso que tem a verdade como horizonte? Trata-se de algo diverso que não seja a adesão ao relativismo generalizado? O próprio Barthes quis ver aqui um reflexo da dispersão interna da pessoa; trata-se de uma variante moderna da máxima de Montaigne: "O homem em tudo e por tudo é apenas remendo e amálgama". Vimos Brecht valorizar a presença de duas vozes em um sujeito apenas, qualquer que fosse a natureza dessas vozes; Barthes, que sempre admirou muito Brecht, não deixa de fazer referência a isso quando procura explicar a pluralidade de sua própria pessoa:

> Como seria feliz se eu pudesse aplicar, para mim, essas palavras de Brecht: "Ele pensava por outras cabeças; e, na sua, outras pensavam por ele. É isso o verdadeiro pensamento".[82]

---

82 Barthes, *Le Grain de la voix*, p.185.

Crítica da crítica

Reconhecer a si como outros, os outros em si, é, certamente, um bom início para o pensamento; no entanto, é seu todo? O outro é suficientemente definido por este critério, bastante relativo, de que ele é outro? Não posso também distinguir entre os outros que aprovo e aqueles que desaprovo? Se repenso no que eu gostava em Barthes, não o encontro nesta descrição: a de que ouvíamos, através de sua voz, vozes outras. Estaria tentado a dizer quase o contrário: o que havia de melhor no conjunto Barthes (vida e obras), era o próprio Barthes. Eu me dou conta de que ele havia tido um pensamento paralelo:

> Chegado a este momento de minha vida, ao final de um colóquio do qual fui o pretexto, diria que tenho a impressão, a sensação e quase a certeza de ter tido mais sucesso com meus amigos do que com minha obra.[83]

Mas, dirão, isto nada mais tem a ver com crítica literária. Sim, pois Barthes escrevia sobre literatura, constantemente; direi, portanto, que hoje me são mais preciosos os textos em que ele está mais presente, sem que tenhamos passado para o gênero pessoal: é *Roland Barthes por Roland Barthes*, livro ao mesmo tempo íntimo e público, subjetivo e objetivo (de crítica), livro de transição, mais uma vez.

Já que é necessário distinguir o privado e o público, acrescentarei: até a publicação de *Roland Barthes por Roland Barthes*, em 1975, vejo Barthes aderir plenamente, em seus escritos, à ideia da dispersão do sujeito, da inautenticidade do ser. Ver-se levado a transformar esse tema disperso em objeto de um livro

---

83 *Prétexte: Roland Barthes*, Colloque de Cerisy, 1978, p.439.

levou-o a modificar-se, ainda que a modificação nada tivesse de espetacular: "Eu me assumo ainda mais como sujeito", ele dizia.[84] Em um de seus cursos, Barthes dizia também: é preciso escolher entre o terrorista e o egoísta; é essa escolha que explica a diferença entre antes e depois de 1975. O que até então Barthes tinha sido em sua vida e para seus amigos (um não terrorista), ele se tornara também em seus livros; e ainda escreveria:

> Ludicidade do conflito, do debate: detesto. Os franceses parecem gostar de: rúgbi, "debates", mesas-redondas, apostas sempre estúpidas etc.[85]

Esse egoísmo nada mais tem, entretanto, a ver com aquele manifestado, mais ou menos voluntariamente, em sua crítica anterior: no lugar de oferecer em seus livros um puro discurso (o qual permanece sempre uma injunção), ele propunha agora um ser, o seu. Em vez de sugerir como é o homem, ele deixava a cada um (é verdade que com sucesso variável) a liberdade de escolher seu lugar com relação ao discurso oferecido. O risco é muito maior (e, concomitantemente, a recompensa) quando dizemos: "eu sou assim", do que quando afirmamos "os outros pensam em mim".

De repente os outros – aqueles que existem materialmente, fora da consciência de Barthes – talvez lucrem mais do que quando eram levados a aceitar uma cumplicidade que lhes era imposta. É o que ele próprio exprime quando procura com-

---

84 Barthes, *Le Grain de la voix*, p.313.
85 *Prétexte: Roland Barthes*, Colloque de Cerisy, 1978, p.299.

Crítica da crítica

preender seu sofrimento diante da morte de sua mãe: "O que perdi não é uma Imagem (a Mãe), mas um ser".[86] Um ser não é o Outro, nem os outros; ele é apenas ele mesmo. Reconhecer-lhe a alteridade (e não mais que eu é um outro, ou que os outros estão em mim), é simplesmente reconhecê-lo, é renunciar um pouco mais à ilusão egocêntrica. Enquanto me tomo por pura câmara de ecos, o outro existe apenas, indiferenciado, para mim; se "me assumo como sujeito" permito ao outro fazer o mesmo; portanto, eu o respeito. É o que encontro também nestas poucas frases nas quais Barthes descreve sua evolução:

> Pouco a pouco, afirma-se em mim um crescente desejo de legibilidade. Pretendo que os textos que recebo sejam "legíveis" para mim, que os textos que escrevo sejam, eles mesmos, "legíveis". [...] Ocorreu-me uma ideia bizarra (bizarra de tanto humanismo): "Nunca se dirá bastante o amor (pelo outro, pelo leitor) que temos no trabalho da frase".[87]

Esse humanismo bizarro é algo novo na escrita de Barthes (ainda que sempre estivesse presente em sua conversa), e me é particularmente precioso. Nele vejo a busca, para além dos clichês niilistas que Barthes dividia com sua época, de uma nova transcendência fundamentada não sobre o divino, mas sobre a socialidade do homem e sobre a pluralidade dos homens. Emociono-me ao ver que disso tratam as últimas frases da última entrevista concedida, alguns dias antes de sua morte no acidente, ainda que sejam frases um pouco estranhas: "Mas,

---

86 Barthes, *La Chambre claire*, p.118.
87 *Prétexte: Roland Barthes*, Colloque de Cerisy, 1978, p.301.

Tzvetan Todorov

apesar de tudo, quando escrevemos, disseminamos germes; podemos pensar que disseminamos uma espécie de semente e que, consequentemente, estamos recolocados na circulação geral das sementes".[88]

---

88 Barthes, *Le Grain de la voix*, p.339.

O humano e o inter-humano
(Mikhail Bakhtin)

Mikhail Bakhtin é uma das figuras mais fascinantes e mais enigmáticas da cultura europeia da metade do século XX. É fácil compreender esse fascínio: obra rica e original, à qual nada se compara na produção soviética em matéria de ciências humanas. Mas a essa admiração acrescenta-se um elemento de perplexidade, pois somos, inevitavelmente, levados à seguinte pergunta: quem é Bakhtin e quais são os traços distintivos de seu pensamento? De fato, este possui facetas tão múltiplas que, às vezes, chegamos a duvidar que possa ter sempre se originado em uma só e mesma pessoa.

A obra de Bakhtin atraiu a atenção do público em 1963, ano em que foi reeditado, com algumas modificações sensíveis, seu livro sobre Dostoiévski, publicado originalmente em 1929 (e que já tinha sido notado à época). Mas este estudo apaixonante, *Problemas da poética de Dostoiévski*, já colocava alguns problemas, se nos interrogássemos sobre sua unidade. Ele é composto, *grosso modo*, de três partes bastante autônomas:

a primeira é constituída pela exposição e ilustração de uma tese sobre o universo romanesco de Dostoiévski, expresso em termos filosóficos e literários; a segunda, pela exploração de alguns gêneros literários menores, os diálogos socráticos, a sátira menipeia antiga e as produções carnavalescas medievais, que constituem, de acordo com Bakhtin, a tradição genérica da qual teria saído Dostoiévski; finalmente, a terceira comporta um programa de estudos estilísticos, ilustrado pela análise dos romances de Dostoiévski.

Depois, em 1965, surgiu um livro sobre Rabelais[1] (trad. franc.: 1970), que podia ser considerado a expansão da segunda parte do livro sobre Dostoiévski (ou, inversamente – na verdade –, esta podia então ser vista como um resumo do livro sobre Rabelais), mas que tinha poucas relações com as duas outras partes: análise temática e não mais estilística, por um lado; obra histórica e descritiva, por outro, não deixando lugar para as intuições filosóficas do *Dostoiévski*. Essa obra chama a atenção dos especialistas para fenômenos como cultura popular ou carnaval.

Em 1973, mudança radical: várias fontes autorizadas (soviéticas) revelam que Bakhtin é autor, ou em todos os casos coautor principal, de três livros e de alguns artigos publicados sob outros nomes na URSS no final da década de 1920 (dois desses livros existem em francês, *Marxisme et Philosophie du langage* [*Marxismo e filosofia da linguagem*], 1977, e *Le Freudisme* [*O freudismo*], 1980; os artigos foram traduzidos e encontram-se ao

---

1 *Tvorchestvo Fransua Rable i narodnaja kul'tura Srednevekovija i Renesansa.* (N. E.)

Crítica da crítica

final de meu livro *Mikhaïl Bakhtine le principe dialogique* [Mikhail Bakhtin: o princípio dialógico], 1981). Mas esse enriquecimento da bibliografia só podia aumentar a perplexidade dos leitores que já tinham dificuldade para compreender a relação entre seu *Dostoiévski* e seu *Rabelais*; os textos dos anos 1920 faziam ouvir um tom de voz ainda diferente: o de uma crítica violenta (de inspiração sociológica e marxista) da psicanálise, da linguística (estrutural ou não) e da poética, tal como a praticavam os Formalistas russos.

Em 1975, ano de sua morte, Bakhtin publica um novo volume, *Questões de literatura e de estética*, composto de estudos que datam, em sua maior parte, dos anos 1930. Esses estudos prolongam, de fato, as pesquisas estilísticas do *Dostoiévski* e preparam o estudo temático em *Rabelais* (na verdade, este último tinha sido concluído em 1940); eles nos permitem, então, começar a nos orientar na obra de Bakhtin, evidenciando a passagem de uma monografia a outra.

Finalmente, última mudança (no momento): em 1979, um novo volume de textos inéditos aparece, preparado por seus editores e intitulado *Estética da criação verbal*. Ele comporta essencialmente os *primeiros* e os últimos escritos de Bakhtin: uma grande obra anterior ao período sociológico e notas e fragmentos redigidos durante os últimos vinte anos de sua vida. Muitas coisas se explicam depois da publicação dessa nova coletânea, mas outras, ao contrário, permanecem obscuras, visto que aos diferentes Bakhtin que conhecemos acrescenta-se um outro, fenomenólogo e, talvez, "existencialista"...

O pensamento de Bakhtin coloca um problema, com certeza. Não se trata de lhe impor artificialmente uma unidade

113

que não se encontraria nele, mas de torná-lo inteligível, o que é bem diferente. Para avançar neste sentido, nos voltaremos para a história e tentaremos responder à seguinte pergunta: como situar Bakhtin com relação à evolução das ideologias no século XX?

Em princípio, Bakhtin se apresenta como teórico e historiador da literatura. Ora, no momento em que desponta na vida intelectual russa, a cena é ocupada, em matéria de pesquisa literária, pelo grupo de críticos, de linguistas e de escritores, dos quais já tratamos, conhecidos como Formalistas (para nós, os "Formalistas russos"). A relação dos Formalistas com o marxismo é inconstante, e eles não dominam as instituições; mas eles têm mais talento e seu prestígio é incontestável. Para conquistar seu lugar no debate literário e estético de seu tempo, Bakhtin precisa, portanto, situar-se com relação aos Formalistas. Ele o fará em dois momentos: primeiro, num longo artigo de 1924 (publicado pela primeira vez em *Voprosy* em 1975); em seguida, no livro *Formal'nyj metod v literaturovedenii* [O método formal nos estudos literários] (1928), cujo autor oficial é P. Medvedev.

A primeira crítica que Bakhtin faz aos Formalistas é que eles não sabem o que fazem, não refletem sobre os fundamentos teóricos e filosóficos de sua própria doutrina. Não se trata de um erro fortuito: os Formalistas, nós o vimos, partilham esse traço com todos os positivistas, que acreditam praticar a ciência e buscar a verdade, esquecendo-se de que se apoiam sobre pressupostos arbitrários. Bakhtin se encarrega de dar essa explicação em seu lugar, com o objetivo de tornar o debate

Crítica da crítica

mais elevado. A doutrina formalista, ele afirma, é uma estética do material, pois ela reduz os problemas da criação poética a questões de linguagem: daí a reificação da noção de "linguagem poética", o interesse pelos "procedimentos" de todos os tipos. Agindo desta maneira, os Formalistas negligenciam os outros ingredientes do ato de criação, que são o conteúdo, ou relação com o mundo, e a forma, entendida aqui como intervenção do autor, como a escolha que torna um indivíduo singular entre os elementos impessoais e gerais da linguagem. A verdadeira noção central da pesquisa estética não deve ser o material, mas a arquitetônica, a construção ou a estrutura da obra, compreendida como um ponto de encontro e de interação entre material, forma e conteúdo.

Portanto, Bakhtin não critica a oposição entre arte e não arte, entre poesia e discurso cotidiano, mas o lugar em que os Formalistas procuram situá-la. "Os traços característicos do poético não pertencem à linguagem e a seus elementos, mas somente às construções poéticas",[2] escreve Medvedev, e ele acrescenta: "O objeto da poética deve ser a construção da obra literária".[3] Mas o poético e o literário não são definidos de outra maneira senão entre os Formalistas: "Na criação poética, o enunciado rompeu os laços com o objeto, do modo como este existe fora do enunciado, assim como com a ação [...]. A realidade do próprio enunciado não serve aqui a nenhuma outra realidade".[4]

---

2 Medvedev; Bakhtin, *Formal'nyj metod v literaturovedenii*, p.119.

3 Ibid., p.141.

4 Ibid., p.172.

A crítica de Bakhtin recai sobre os Formalistas, mas não sobre o campo da estética romântica do qual se originaram. O que critica neles não é seu "formalismo", mas seu "materialismo"; poderíamos mesmo dizer que Bakhtin é mais formalista do que eles, se restituirmos à "forma" seu sentido pleno de interação e de unidade dos diferentes elementos da obra; é este outro sentido que Bakhtin procura encontrar, introduzindo esses sinônimos valorizados que são "arquitetônico" e "construção". O que ele critica é justamente a vertente não romântica dos Formalistas: a expressão "estética do material" aplica-se, perfeitamente, a um programa como aquele desenvolvido por Lessing em *Laocoonte – ou sobre as fronteiras*, no qual as propriedades da pintura e da poesia são deduzidas de seus materiais respectivos. Além de Lessing, a tradição aristotélica é evocada aqui, com sua descrição de "procedimentos" isolados como as figuras e os tropos, a peripécia e o reconhecimento, as partes e os elementos da tragédia.

O paradoxo dos Formalistas, e sua originalidade, tal como afirmado, tinha sido o de fazer descrições "clássicas" (aristotélicas) a partir de premissas ideológicas românticas; Bakhtin restabelece a doutrina romântica em sua pureza. Enquanto Goethe interessava-se pelo grupo escultural de Laocoonte, Bakhtin retomava as noções de obra, de unidade, de coerência, no lugar das leis gerais da pintura e da poesia caras a Lessing. Permanecemos no espírito de Schelling e de seus amigos quando concebemos a obra de arte como a fusão do subjetivo e do objetivo, do singular e do universal, da vontade e da obrigação, da forma e do conteúdo. A estética romântica valoriza a imanência, não a transcendência; ela se interessa pouco por elementos transtextuais como a metáfora, as rimas datílicas

Crítica da crítica

ou os procedimentos de reconhecimento. Bakhtin tem razão quando critica nos Formalistas o fato de ignorarem sua própria filosofia; mas a filosofia dele tem uma cor bastante precisa: é a dos românticos. O que não é em si um defeito, mas limita a originalidade de sua posição.

Entretanto, não nos apressemos para concluir. Trata-se de dois textos da década de 1920 e, mesmo que Bakhtin não rompa com a estética romântica (notadamente em sua teoria do romance), seu pensamento não se limita a ela, longe disso. De resto, a própria problemática dos princípios estéticos gerais aparece antes como marginal em sua obra, ou, em todo caso, como uma transição. Há um outro tema que, nós o descobrimos em nossos dias, era o centro de sua atenção desde o começo dos anos 1920, e que ele retoma até o fim de sua vida. Um tema, ao mesmo tempo, mais particular, pois só diz respeito a uma questão estética, e, mais geral, visto que extrapola, e de longe, a estética como tal: é o da relação entre o criador e os seres criados por este, ou, como diz Bakhtin, entre autor e herói. Observar essa relação será tanto mais instrutivo à medida que nela descobriremos — e isso é coisa rara em sua longa carreira intelectual — uma reviravolta espetacular nas ideias de Bakhtin a esse respeito.

A posição inicial encontra-se em seu primeiro livro, recentemente descoberto e dedicado em especial a essa questão. De maneira geral, ela consiste em dizer que a vida encontra sentido, e torna-se assim um ingrediente possível da construção estética, somente se for vista do exterior, como um todo; ela deve ser incorporada ao horizonte de um outro; e, para o personagem, este outro é, evidentemente, o autor: é o que Bakhtin designa "exotopia" deste último. A criação estética é, então, um exemplo particularmente bem-sucedido de um tipo de relação humana: aquela na qual uma das duas pessoas envolve completamente a outra e, desta maneira, a completa e dá sentido a ela. Relação assimétrica de exterioridade e de superioridade, que é uma condição indispensável à criação artística: esta exige a presença de elementos "transgredientes", como diz Bakhtin, ou seja, exteriores à consciência tal como é pensada do interior, mas necessários à sua constituição como um todo. Assimetria a propósito da qual Bakhtin não hesita em recorrer a uma comparação eloquente: "A *divindade* do artista reside em sua assimilação à exotopia superior".[5]

Bakhtin não ignora que descreve um procedimento, e não uma realidade. Alguns autores — Dostoiévski, por exemplo — se esquecem dessa lei estética, essa superioridade necessária do autor sobre o personagem, e conferem a este tanto peso quanto ao autor, ou, inversamente, desestabilizam a posição do autor até torná-la semelhante à do personagem; de uma maneira ou de outra, esses autores discordantes colocam os dois no mesmo plano, gesto que tem consequências catastróficas, pois não há mais, por um lado, a verdade absoluta (do autor) e, por outro, a singularidade do personagem; há apenas posições singulares, e nenhum lugar para o absoluto. Em um texto de 1929, assinado por Volochinov, descobrimos que esse tipo de renúncia ao absoluto é uma característica (deplorável) da sociedade moderna: não ousamos dizer mais nada com convicção e, para dissimular nossas incerteza, nos refugiamos nos diversos graus da citação: falamos apenas entre aspas.

---

5 Bakhtin, *Estetika*..., p.166, grifo meu.

Crítica da crítica

Essa exigência da exotopia superior é perfeitamente "clássica": Deus existe de fato e permanece em seu lugar, não confundimos o criador com suas criaturas, a hierarquia das consciências é inabalável, a transcendência do autor nos permite avaliar com segurança seus personagens. Mas ela não será mantida. Durante o percurso, Bakhtin deixa-se influenciar por seu contraexemplo, Dostoiévski (ou pela imagem que faz dele); dedica-lhe seu primeiro livro, publicado em 1929, e trata-se de um elogio da vertente antes condenada. A concepção anterior, ao invés de ser mantida no plano de uma lei estética geral, torna-se a característica de um estado de espírito que Bakhtin estigmatiza sob o nome de "monologismo"; a perversão de Dostoiévski, ao contrário, é erigida como expressão do "dialogismo", ao mesmo tempo, concepção de mundo e estilo de escrita, pelos quais, a partir de então, Bakhtin não esconde sua preferência.

Enquanto exigia, anteriormente, a assimetria do personagem e do autor, e a superioridade deste, agora, Bakhtin não se cansa de repetir: "Em suas obras [as de Dostoiévski] surge um herói cuja voz é construída da mesma maneira como se constrói a voz do autor em um romance do tipo habitual".[6] "O que realizava o autor, é agora o herói que o realiza".[7] O autor não possui nenhuma primazia sobre o herói, não há nenhum excedente semântico que o torne distinto, e as duas consciências têm direitos perfeitamente iguais. "As ideias de Dostoiévski-pensador, em seu romance polifônico [...], engajam-se em um grande diálogo com as outras imagens de ideias, *num plano*

---

6 Id., *Problemy poétiki Dostoevskogo*, ed. 1963, p.7-8.
7 Ibid., p.65.

de igualdade perfeita".[8] Para falar como Buber (Bakhtin já o faz), Dostoiévski será o primeiro a assimilar as relações entre autor e personagem às relações do tipo "eu-você" e não mais "eu-isto".

A referência ao absoluto, e, portanto, à verdade, que sustentava a concepção anterior, é agora rejeitada. Bakhtin escreve: "A representação artística da ideia só é possível quando esta é posta para além da afirmação ou da negação, sem, no entanto, ser reconduzida ao plano de uma simples experiência psíquica".[9] O romance "monológico" conhece apenas dois casos: ou as ideias são tomadas por seu conteúdo, e, portanto, são verdadeiras ou falsas, ou são tidas por indícios da psicologia dos personagens. A arte "dialógica" tem acesso a um terceiro estado, para além do verdadeiro e do falso, do bem e do mal, assim como o segundo — sem, no entanto, reduzir-se a ele: cada ideia é a ideia de alguém, ela se situa com relação a uma voz que a conduz e a um horizonte que ela visa. No lugar do absoluto, encontramos uma multiplicidade de pontos de vista: os dos personagens e o do autor que a eles é assimilado; e eles não conhecem privilégios nem hierarquia. A revolução de Dostoiévski, no plano estético (e ético) é comparável à de Copérnico, ou, ainda, à de Einstein, no plano do conhecimento do mundo físico (imagens favoritas de Bakhtin): não há mais centro, e vivemos numa relatividade generalizada.

Bakhtin mantém sua posição de acordo com a qual, em nosso mundo contemporâneo, é impossível assumir uma verdade absoluta, e devemos nos contentar em citar mais do que

---

8 Ibid., p.122.
9 Ibid., p.106.

Crítica da crítica

falar em nosso próprio nome; mas ele não acrescenta nenhuma condenação nem arrependimento a essa constatação: a ironia (é assim que ele designa agora esse modo de enunciação) é nossa sabedoria, e quem ousaria, hoje, dizer verdades? Rejeitar a ironia é escolher deliberadamente a "tolice", limitar-se, reduzir seu horizonte:[10] é desta forma que se comporta Dostoiévski em seus escritos jornalísticos. A única outra possibilidade – mas ela, no entanto, não nos permite encontrar o absoluto – seria pôr-se à escuta do outro, como recomenda Heidegger.[11]

É impressionante ver a que ponto a argumentação desenvolvida por Bakhtin é paralela à que formulava, quase na mesma época, Jean-Paul Sartre. Em um artigo de 1939, "M. François Mauriac et la liberté",[12] Sartre recusa qualquer prática romanesca em que o autor ocuparia uma posição privilegiada com relação a seus personagens; ele não se serve do termo "monológico", mas não está longe de identificar "romance" e "dialogismo": "O romancista não tem o direito de abandonar o campo de batalha [...] e de julgar",[13] ele deve se contentar em apresentar seus personagens; se ele julgasse, ele seria igual a Deus; ora, Deus e o romance se excluem mutualmente (é isto que não teria compreendido Mauriac): "Um romance é escrito por um homem para homens. Ao olhar de Deus, que vai além das aparências sem se ater a elas, não há romance".[14] Assim como Bakhtin, Sartre identifica essa revolução romanesca ao

---

10 Cf. Bakhtin, *Estetika...*, p.352.

11 Ibid., p.354.

12 Sartre, M. François Mauriac et la liberté. In:_____, *Situations I*, 1947.

13 Ibid., p.41.

14 Ibid., p.57.

nome de Dostoiévski e, como ele, a compara à de Einstein: "Em um verdadeiro romance, bem como no mundo de Einstein, não há lugar para um observador privilegiado".[15] E, como Bakhtin, Sartre conclui pelo desaparecimento do absoluto: "A introdução da verdade absoluta" em um romance só pode provir de um "erro técnico",[16] pois o romancista "não tem o direito de julgar esses absolutos".[17, 18]

No entanto, Bakhtin não gostaria que tomássemos sua posição pela de um relativista; mas ele não consegue explicar em que consiste a diferença. Ele gosta de comparar o pluralismo de Dostoiévski, como o demonstra, ao de Dante, visto que este faz ouvir, na simultaneidade ideal da eternidade, as vozes dos ocupantes de todas as esferas terrestres e celestes;[19] mas Bakhtin contenta-se em notar como um fato secundário, o caráter "vertical", ou seja, hierarquizado, do universo de Dante,

---

15 Ibid., p.56-7.

16 Ibid., p.47.

17 Ibid., p.46.

18 É interessante ver que, trinta anos depois, quando Sartre toma conhecimento do livro de Bakhtin, ele não reconhece seu próprio pensamento, por estar bastante preocupado em refutar o "formalismo": "Por exemplo, acabo de ler Bakhtin a respeito de Dostoiévski, mas não vejo o que o novo formalismo – a semiótica – acrescenta ao antigo. No conjunto, o que desaprovo nessas pesquisas é que elas não levam a nada: elas não delimitam seu objeto, são conhecimentos que se dissipam" (M. Contat; M. Rybalka, Un entretien avec Jean-Paul Sartre, *Le Monde*, de 14-5-1971). O contrassenso é total; devemos nos perguntar se, a essa época, Sartre já não tinha sido atingido pela cegueira que o tomaria depois. Mas existem também cegueiras ideológicas que são semelhantes às outras.

19 Bakhtin, *Dostoïevski*, p.36 e 42.

em oposição ao mundo "horizontal" de Dostoiévski, mundo da "pura coexistência".[20] Ora, a diferença é grande e, se ela fosse verdadeira, não está claro como Dostoiévski e Bakhtin, que se apresenta como seu porta-voz, escapariam ao relativismo! Se esta fosse a última palavra de Bakhtin, seria preciso ver nele o representante, senão da estética romântica em sua principal vertente, pelo menos da ideologia individualista e relativista, que domina a época moderna.

Mas as coisas são um pouco mais complexas. Ao mesmo tempo em que ilustra essa ideologia, Bakhtin faz ouvir uma voz bem diferente. Apenas aqui, ao contrário do que acontecia anteriormente, entre o livro de juventude sobre o autor e o herói e a obra sobre Dostoiévski, o conflito não é mais manifesto, ele não corresponde a uma sucessão no tempo, e não podemos duvidar que Bakhtin estivesse consciente disso. Trata-se, antes, de inconstâncias reveladoras naquilo que Bakhtin pensa ser uma afirmação homogênea; mas é daí, talvez, que venha sua contribuição mais inovadora.

É preciso, para encontrar esse outro – terceiro! – Bakhtin, partir novamente da interpretação que ele faz do pensamento e da posição de Dostoiévski, visto que estes são determinantes para as ideias do próprio Bakhtin. Após seu célebre discurso sobre Pushkin, em 1880, Dostoiévski é interpelado por um escritor da época, Kavelin, que lhe opõe sua ideia de moralidade: age moralmente aquele que age em perfeita conformidade com suas convicções. Trata-se, portanto, de uma outra versão do credo relativista e individualista (cada um é juiz de si próprio), não muito diferente, no fundo, daquela que Bakhtin acredita

---

20 Id., *Voprosy...*, p.308.

encontrar na obra de Dostoiévski. Ora, este último escreve, em seu projeto de resposta a Kavelin:

> Não basta definir a moralidade pela fidelidade a suas convicções. É preciso ainda suscitar a questão em si, de modo contínuo: minhas convicções são verdadeiras? Ora, a única maneira de verificá-las é Cristo [...]. Não posso considerar moral um homem que queima os heréticos, pois não reconheço sua tese, segundo a qual a moralidade é o acordo com as convicções íntimas. Isto é apenas a *honestidade* [...], não a moralidade. Tenho um modelo e um ideal moral – é Cristo. Pergunto-me: ele teria queimado os heréticos? Não. Então, isto significa que queimar os heréticos é um ato imoral [...]. Cristo cometia erros – está provado! O mesmo sentimento diz: prefiro permanecer no erro, com Cristo, do que com você.[21]

Dostoiévski exige, portanto, a existência de uma transcendência, ele distingue entre honestidade (fidelidade às convicções) e verdade, e acrescenta a isso que a verdade humana deve ser encarnada, em vez de permanecer uma abstração: este é o sentido da imagem de Cristo; essa verdade humanizada, encarnada, vale mais do que a outra, e deve ser preferida em relação a esta outra, se as duas se opuserem (os "erros" de Cristo): tal é a especificidade da verdade moral.

Bakhtin conhece e cita esse texto.[22] Mas seu comentário é bastante revelador de sua interpretação de Dostoiévski. "Ele prefere permanecer no erro, mas com Cristo", escreve

---

21 Dostoiévski, *Literaturnoe nasledstvo*, t.LXXXIII, p.674 et seq.
22 Bakhtin, *Dostoïevski*, p.130-1.

Crítica da crítica

Bakhtin,[23] ou ainda: "A oposição da verdade e de Cristo em Dostoiévski".[24] A parcialidade dessa interpretação está próxima do contrassenso: Dostoiévski não opõe verdade e Cristo, mas os identifica para opô-los à filosofia dos "pontos de vista" ou das "convicções"; e apenas de modo secundário ele opõe, no mundo moral, verdade encarnada e verdade impessoal, preferindo a primeira à segunda. Mas reconhecê-lo teria destruído a posição de Bakhtin ao afirmar, num espírito muito próximo ao de Kavelin: "todos os principais heróis de Dostoiévski são, enquanto homens de pensamento, absolutamente desinteressados, à medida que a ideia apossou-se, de fato, do núcleo profundo de sua personalidade":[25] isto não significaria fundamentar o julgamento moral sobre a fidelidade às convicções que partilham o assassino Raskolnikov, a prostituta Sonia, Ivan, o cúmplice do parricídio, e o "adolescente", que sonha tornar-se Rothschild?

No projeto de um romance abandonado, *A vida de um grande pecador*, Dostoiévski escreve:

> Que a *ideia reinante* da vida seja visível — quer dizer, embora *sem explicar através de palavras* qualquer ideia reinante e mantendo-a sempre enigmática, fazer o leitor perceber sempre que essa ideia é uma ideia religiosa.

Bakhtin também cita esse texto[26] para apoiar sua afirmação. Mas Dostoiévski não diz aí renunciar à distinção entre ideia

---

23 Ibid., p.131.
24 Bakhtin, *Estetika...*, p.355.
25 Bakhtin, *Dostoïeviski*, p.115.
26 Ibid., p.132.

ímpia e ideia religiosa; ele decide apenas não dizê-la com todas as letras, mas sugeri-la de maneira indireta. Em outro texto, Bakhtin constata: "A verdade não proferida em Dostoiévski (o beijo de Cristo)":[27] mas o silêncio de Cristo diante do Grande Inquisidor não significa renunciar à verdade; apenas esta não passa por palavras. A verdade deve ser encarnada, a verdade deve ser indireta: mas uma coisa fica clara em tudo isso; a verdade existe para Dostoiévski.

Acrescentemos a esses testemunhos de Dostoiévski citados por Bakhtin, este outro, que se encontra em *Journal d'un écrivain* [Diário de um escritor], de 1873. Ao comentar a peça de um autor populista, Dostoiévski escreve:

> O autor ficou entusiasmado demais com seu personagem e nenhuma vez sequer se decide dominá-lo com o olhar. Parece-nos que ainda não basta expor de maneira verdadeira todos os traços exibidos do personagem, é preciso elucidá-lo deliberadamente através de seu próprio ponto de vista artístico. O verdadeiro artista nunca deve se igualar ao personagem representado, contentando-se apenas com sua verdade real: desta forma não chegaremos a uma verdade na impressão.[28]

Mas é verdade que essas frases se encontram num escrito jornalístico e "pouco inteligente" de Dostoiévski.

A igualdade do herói e do autor, que Bakhtin atribui a Dostoiévski, não está apenas em contradição com as intenções deste; ela é, na verdade, impossível em seu próprio princípio.

---

27 Bakhtin, *Estetika...*, p.353.
28 Dostoiévski, *Polnoe sobranie sochinenij*, t.XXI, p.97.

Bakhtin quase o diz: a função da "ideia reinante" evocada na frase precipitada de Dostoiévski é por ele reduzida a quase nada: "Ela deve conduzir apenas a escolha e a disposição da matéria";[29] mas esse quase é enorme. Em Dostoiévski, um outro texto diz, "o autor é apenas um participante do diálogo (e seu organizador)":[30] mas o parêntese exclui toda a radicalidade do propósito que a precede. Se somos o organizador do diálogo, não *somos* apenas um simples participante.

Bakhtin parece confundir duas coisas. Uma é que, no interior de um romance, as ideias do autor sejam apresentadas por ele de forma tão discutível quanto as dos outros pensadores. A outra é que o autor esteja no mesmo plano que seus personagens. Ora, nada autoriza essa confusão, visto que é ainda o autor que apresenta tanto as suas próprias ideias quanto as dos outros personagens. A afirmação de Bakhtin só poderia ser correta se Dostoiévski se confundisse, digamos, com Aliocha Karamazov; poderíamos dizer, então, que a voz de Aliocha está no mesmo plano que a de Ivan. No entanto, é Dostoiévski sozinho que escreve *Os irmãos Karamázov* e que representa tanto Aliocha quanto Ivan. Dostoiévski não é uma voz entre outras no interior do romance, ele é o criador único, privilegiado e radicalmente diferente de todos os seus personagens, visto que cada um deles é apenas, justamente, uma voz, enquanto Dostoiévski é o criador dessa própria pluralidade.

Essa confusão é tanto mais surpreendente que, em seus últimos escritos, o próprio Bakhtin a combate inúmeras vezes, notadamente a propósito da noção, por ele julgada falaciosa, da

---

29 Bakhtin, *Dostoïevski*, p.132.
30 Id., *Estetika...*, p.322.

"imagem do autor".[31] Há sempre, diz Bakhtin, uma diferença radical entre, por um lado, o autor, e, por outro, seus personagens, inclusive esse personagem particular que é a "imagem do autor" (ou o "autor implícito"):

> O autor nunca pode tornar-se uma das partes constitutivas de sua obra, tornar-se uma imagem, fazer parte do objeto. Ele não é nem uma *natura creata*, nem uma *natura naturata et creans*, mas uma pura *natura creans et non creata*.[32]

É impressionante ver como a definição escolástica pela qual Bakhtin identifica o autor aplica-se, em seu contexto de origem (por exemplo, na obra de Jean Scot Erigène), a Deus, e apenas a ele.

Bakhtin percebeu, portanto, uma particularidade da obra de Dostoiévski, mas enganou-se na maneira de designá-la. Dostoiévski é excepcional por representar, simultaneamente e no mesmo plano, várias consciências, umas tão convincentes quanto as outras; mas ele também tem, enquanto romancista, uma fé na *verdade* como horizonte último. O absoluto pode não se encarnar em um personagem (os homens não são Cristo) e, entretanto, servir de ideia reguladora à sua busca comum. É o que Bakhtin parece reconhecer, indiretamente, quando admite que a pluralidade das consciências e a pluralidade das verdades não são necessariamente solidárias:

> Pode-se notar que a necessidade de uma só e única consciência não decorre, de modo algum, do próprio conceito de verdade.

---

31 Cf. Id., *Voprosy*..., p.405 e Id., *Estetika*..., p.288 e 353.
32 Id., *Estetika*..., p.288.

Crítica da crítica

Pode-se perfeitamente admitir e pensar que uma verdade única exige uma multiplicidade de consciências.[33]

Mas, não podemos, também, admitir que a pluralidade de consciências não exige a renúncia à verdade única?

Bakhtin cita e faz um longo comentário a respeito de uma frase de Dostoiévski na qual este se define não como "psicólogo", mas como "realista no sentido superior". Isto quer dizer que Dostoiévski não se contenta em expressar uma verdade interior, mas ele descreve homens que existem fora dele, e esses homens não se reduzem a uma consciência única (a sua): os homens são diferentes, o que implica que eles são necessariamente vários; a multiplicidade dos homens é a verdade do próprio ser do homem. Esta é razão profunda que leva Bakhtin a Dostoiévski. Se tentarmos, de fato, agora, apreender de uma só vez a totalidade de seu percurso intelectual, percebemos que sua unidade se dá nessa convicção, presente nele desde antes do livro sobre Dostoiévski e até seus últimos fragmentos, de acordo com a qual o *inter-humano é constitutivo do humano*. Esta seria, de fato, a expressão mais geral de um pensamento que não se reduz, de modo algum, à ideologia individualista, e para a qual Bakhtin não cessou de buscar o que nos aparece, agora, como diferentes linguagens destinadas a afirmar um só e mesmo pensamento. Poderíamos, sob este ponto de vista, distinguir quatro grandes períodos (quatro linguagens), de acordo com a natureza do campo no qual ele observa a ação deste pensamento: fenomenológico; sociológico; linguístico; histórico-literário. No decorrer de um quinto período (os úl-

---

33 Id., *Dostoïevski*, p.107.

timos anos), Bakhtin tenta a síntese dessas quatro linguagens diferentes.

O período fenomenológico é ilustrado pelo primeiro livro de Bakhtin, dedicado à relação entre autor e herói. Ele a considera um caso particular da relação entre dois seres humanos e volta-se, então, para a análise desta. Entretanto, ele percebe que tal relação não pode ser considerada contingente (podendo não existir); ela é indispensável, ao contrário, para que o ser humano se constitua como um todo, pois a perfeição só pode vir do exterior, pelo olhar do outro (este é também um tema familiar aos leitores de Sartre). A demonstração de Bakhtin se liga a dois aspectos do ser humano. O primeiro, espacial, é o do corpo: ora, meu corpo só se torna um todo se visto de fora, ou num espelho (enquanto vejo, sem nenhum problema, o corpo dos outros como um todo acabado). O segundo é temporal e diz respeito à "alma": somente meu nascimento e minha morte me constituem em um todo; ora, por definição, minha consciência não pode conhecê-los do interior. O outro é, portanto, ao mesmo tempo, constitutivo do ser e, fundamentalmente, assimétrico com relação a ele: a pluralidade dos homens encontra seu sentido não em uma multiplicação quantitativa dos "eu", mas no fato de que cada um é o complemento necessário do outro.

O período sociológico e marxista resulta nos três livros assinados pelos amigos e colaboradores de Bakhtin. Contra a psicologia ou a linguística subjetivas, que fazem como se o homem estivesse só no mundo, mas igualmente contra as teorias empiristas que se limitam ao conhecimento dos produtos observáveis da interação humana, Bakhtin e seus amigos afirmam o caráter primordial do social: a linguagem e

Crítica da crítica

o pensamento, constitutivos do homem, são necessariamente intersubjetivos.

Nesses mesmos anos, Bakhtin esforça-se para lançar as bases de uma nova linguística ou, como ele dirá mais tarde, "translinguística" (o termo hoje em uso seria "pragmática"), cujo objeto não é o enunciado, mas a enunciação, ou seja, a interação verbal. Após ter criticado a linguística estrutural e a poética formalista, que reduzem a linguagem a um código e esquecem que o discurso é uma ponte entre duas pessoas, elas mesmas socialmente determinadas, Bakhtin formula proposições positivas para esse estudo da interação verbal na última parte de seu *Dostoiévski* e no longo ensaio sobre "O discurso no romance". Ele analisa, principalmente, a maneira segundo a qual as vozes se misturam à do sujeito explícito da enunciação.

O período histórico-literário começa na metade dos anos 1930; ele comporta dois grandes livros, um sobre Goethe e outro sobre Rabelais, dos quais apenas o segundo chegou até nós (do primeiro só restam alguns fragmentos), bem como um longo ensaio geral, no qual introduz a noção de cronótopo. Bakhtin constata que a literatura sempre teve seu papel na pluralidade de vozes, presente na consciência dos locutores, mas de dois modos diferentes: ou o discurso da obra é em si mesmo homogêneo, mas se opõe no todo às normas linguísticas gerais; ou a diversidade de discursos (a "heterologia") acha-se representada no interior do texto. É esta segunda tradição que atrai, particularmente, sua atenção, tanto dentro da literatura quanto fora dela; daí o estudo das festas populares, do carnaval, da história do riso.

Cada uma destas vastas explorações pode ser julgada no campo que lhe é próprio; mas está claro também que todas elas participam de um projeto comum. Esse projeto não pode mais se reconciliar com a ideologia individualista, responsável por tantas outras afirmações de Bakhtin, e ele tem razão de lembrar que Dostoiévski está bem longe da "cultura da solidão principial e sem saída",[34] da ideia de ser autossuficiente. Para distinguir as duas doutrinas, Bakhtin, às vezes, opõe o "personalismo" ao "subjetivismo": este limita-se ao "eu", aquele repousa na relação entre "eu" e "o outro".[35] E a comparação que lhe parece melhor evocar a concepção do mundo de Dostoiévski discorda das suas outras teses, mas postula a irredutibilidade da entidade transindividual:

> Se for preciso buscar para ele uma imagem pela qual todos se orientem, uma imagem que esteja no espírito do universo intelectual do próprio Dostoiévski, esta será a Igreja, enquanto comunhão de almas não confundidas, reunindo pecadores e justos.[36]

Mas a Igreja não é um simples confronto de vozes com direitos iguais, ela é um local qualitativamente distinto dos indivíduos que o ocupam e só pode existir em favor de uma fé comum.

O "super-homem" existe — mas não no sentido nietzschiano de ser superior; eu sou o super-homem do outro, como ele o é de mim: minha posição exterior (minha "exotopia") me dá esse privilégio de vê-lo como um todo. Ao mesmo tempo, não posso agir como se os outros não existissem: saber que o outro pode me ver determina, de forma radical, minha condição. A

---

34 Id., *Estetika...*, p.312.
35 Ibid., cf. p.370.
36 Bakhtin, *Dostoïevski*, p.36.

Crítica da crítica

socialidade do homem funda sua moral: não na piedade, nem na abstração da universalidade, mas no reconhecimento do caráter constitutivo do inter-humano. Não apenas o indivíduo não é redutível ao conceito, mas também o social é irredutível aos indivíduos, por mais numerosos que sejam. E podemos imaginar uma transgrediência que não se confunda com a superioridade pura e simples, que não me leve a transformar o outro em objeto: é a que vivemos num ato de amor, de confissão, de perdão, de escuta ativa.[37]

Poderemos reconhecer nessa linguagem algumas reminiscências cristãs. Sabemos também que Bakhtin era, em sua vida pessoal, um crente (cristão ortodoxo). As raras referências explícitas à religião, em seus escritos publicados, permitem assim reconstituir sua posição. O cristianismo é uma religião em ruptura radical com as doutrinas precedentes, notadamente com o judaísmo, no sentido em que este não vê Deus como uma encarnação da voz da minha consciência, mas como um ser fora de mim que me fornece a transgrediência da qual necessito. Devo amar o outro e não devo amar a mim mesmo, mas ele pode e deve me amar. Cristo é o outro sublimado, um outro puro e universal: "O que devo ser para o outro, Deus o é para mim".[38] A imagem de Cristo fornece, então, ao mesmo tempo, o modelo da relação humana (assimetria do "eu" e do "você", e a necessária complementaridade do "você") e encarna seu limite extremo, já que *ele é apenas outro*. Tal interpretação do cristianismo se liga à corrente cristológica, viva na tradição religiosa russa e bastante familiar a Dostoiévski. Ora, afirma

---

37 Cf. Id., *Estetika...*, p.325.
38 Ibid., p.52.

Tzvetan Todorov

Bakhtin, o que Cristo é para os homens, Dostoiévski o é para seus personagens (o que não significa, de modo algum, colocá-lo no mesmo plano que eles):

Digamos, é a ação de Deus com relação ao homem, permitindo-lhe revelar-se a si mesmo até o fim (num desenvolvimento imanente), condenar-se a si mesmo, refutar-se.[39]

Mediremos a originalidade dessa interpretação do outro absoluto, graças a Bakhtin (ou, talvez, a Dostoiévski), comparando-a a uma outra formulação célebre: a que oferece Rousseau ao falar de si mesmo, no prefácio abandonado das *Confissões*, no qual ele se vê como um puro outro. Rousseau se coloca na ótica do conhecimento de si, tarefa com a qual são confrontados todos os homens; e ele propõe sua própria vida como devendo lhes servir de comparação:

Quero fazer de tal modo que, para aprender a nos apreciar, possamos ter pelo menos um elemento de comparação; que cada um possa conhecer a si mesmo e a um outro, e este outro será eu.[40]

A diferença importante não está na natureza humana ou divina desse mediador universal: o Cristo de Bakhtin é uma figura suficientemente humana; nem no fato de Rousseau designar a si mesmo para esse papel, enquanto Bakhtin aí situa um outro que não ele mesmo. O essencial é que o outro intervém, nessa

---

39 Ibid., p.310.
40 Rousseau, *Oeuvres complètes*, t.I, p.1149.

Crítica da crítica

frase de Rousseau, apenas como um objeto de comparação com um eu já inteiramente constituído; ao passo que, para Bakhtin, ele participa dessa constituição. Rousseau só vê essa necessidade no processo de conhecimento de um objeto preexistente; o Cristo de Bakhtin esgota seu papel numa interação fundadora do humano. O mundo de Rousseau é feito de átomos autossuficientes, no qual a relação entre homens se reduz à comparação; o mundo de Bakhtin e de Dostoiévski conhece — e exige — a transcendência lateral, na qual o inter-humano não é simplesmente o vazio que separa dois seres. Ora, uma dessas concepções não é apenas mais generosa do que a outra; ela é também mais verdadeira. Sartre o dizia em *Saint Genet*:

> Durante muito tempo, acreditamos no atomismo social que o século XVIII nos legou e parecia-nos que o homem era de nascença uma entidade solitária, que só depois entrava em relação com seus semelhantes. [...] Nós sabemos hoje que são discursos vãos. A verdade é que a "realidade humana" "está-em-sociedade" como ela "está-no-mundo".[41]

O absoluto encontra, portanto, um lugar no sistema de pensamento de Bakhtin, mesmo que ele não esteja sempre pronto para reconhecê-lo, e mesmo que se trate de uma transcendência de tipo original: não mais "vertical", mas "horizontal" ou "lateral"; não mais de essência, mas de posição. Os homens só têm acesso a valores e a sentidos relativos e incompletos, mas eles o fazem tendo por horizonte a plenitude do sentido, o

---

41 Sartre, *Saint Genet*, p.54.

absoluto do valor, eles aspiram a uma "comunhão com o *valor superior* (em último caso, absoluto)".[42]

Podemos, agora, voltar ao ponto de partida e reexaminar a posição de Bakhtin com relação à história da estética — não mais como ele próprio a formula aqui ou ali, mas tal como decorre de suas escolhas filosóficas mais originais. O que aconteceu com a literatura? O que aconteceu com a crítica?

No que diz respeito à primeira questão, é preciso antes de tudo constatar: em sua prática, Bakhtin não ficou preso à crítica da definição formalista da literatura (para substituí-la por outra); não, ele simplesmente renunciou buscar a especificidade literária. Não que essa tarefa não faça sentido aos seus olhos; mas esse sentido existe apenas com relação a uma história particular (da literatura ou da crítica), e não merece o lugar que lhe havíamos atribuído. O que lhe parece, agora, muito mais importante, são todos os laços que se tecem entre literatura e cultura enquanto "unidade diferenciada" dos discursos de uma época.[43] Daí seu interesse pelos "gêneros primários" (exatamente como em Brecht), ou seja, as maneiras de conversação, de discurso público, de trocas mais ou menos regulamentadas. Mais do que "construção" ou "arquitetura" a obra é, antes de tudo, heterologia, pluralidade de vozes, reminiscência e antecipação dos discursos passados e futuros; cruzamento e lugar de encontro; por essa razão ela perde seu lugar privilegiado. Desobedecendo a seu primeiro programa, Bakhtin nunca estuda obras inteiras, nem se fecha no interior de uma só obra: na verdade, a questão arquitetônica nem se coloca mais. O objeto

---

42 Bakhtin, *Estetika...*, p.369.
43 Cf. Ibid., p.329-30.

Crítica da crítica

de suas análises literárias é outro: o estatuto dos discursos com relação aos interlocutores presentes ou ausentes (monólogo e diálogo, citação e paródia, estilização e polêmica), por um lado; a organização do mundo representado, notadamente, a construção do tempo e do espaço (o "cronótopo"), por outro. Essas características textuais estão diretamente ligadas a uma concepção de mundo contemporânea, mas não se esgotam, já que os homens das épocas posteriores apoderam-se delas e nelas descobrem sentidos novos. O objeto de Bakhtin é a transtextualidade, não mais sob a forma dos "procedimentos" formalistas, mas como pertencimento à história da cultura.

Quanto à crítica, Bakhtin anuncia (mais do que pratica) uma nova forma, que mereceria receber o nome de *crítica dialógica*. Não nos esqueçamos da ruptura introduzida pelo *Tratado teológico-político* de Spinoza e de suas consequências: a transformação do texto estudado em objeto. Para Bakhtin, tal problematização deforma, de maneira perigosa, a natureza do discurso humano. Reduzir o outro (aqui o autor estudado) a um objeto é desconhecer sua característica principal, a saber, que existe um sujeito, justamente, ou seja, alguém que fala — exatamente como faço ao dissertar sobre ele. Mas como lhe devolver a palavra? Reconhecendo o parentesco de nossos discursos, vendo em sua justaposição não a da metalinguagem e da linguagem-objeto, mas o exemplo de uma forma discursiva bem mais familiar: o diálogo. Ora, se aceito que nossos dois discursos estão em relação dialógica, aceito também me questionar novamente sobre a verdade. Não tanto para voltar à situação anterior a Spinoza, quando os padres da Igreja aceitavam colocar-se no terreno da verdade porque acreditavam detê-la. Aspiramos aqui a buscar a verdade, mais do que considerá-la como dada de antemão:

ela é um horizonte último e uma ideia reguladora. Como diz Bakhtin:

> É preciso dizer que o relativismo, assim como o dogmatismo excluem qualquer discussão, qualquer diálogo autêntico, tornando-os ou inúteis (o relativismo), ou impossíveis (o dogmatismo).[44]

Para a crítica dialógica, a verdade existe, mas não a possuímos. Encontramos, então, em Bakhtin uma aproximação entre a crítica e seu objeto (a literatura), mas ela não tem o mesmo sentido que para os críticos-escritores franceses. Para Blanchot e Barthes, as duas são parecidas devido à ausência de qualquer relação com a verdade; para Bakhtin, elas o são porque estão engajadas em sua busca, sem que uma seja privilegiada com relação à outra.

Tal concepção da crítica tem repercussões importantes sobre a metodologia de todas as ciências humanas. A especificidade do mundo humano, como já havia observado Montesquieu, é que os homens obedecem a leis e, *ao mesmo tempo*, agem livremente. A conformidade com a lei torna-os julgáveis pela mesma análise que os fenômenos da natureza. Daí a tentação de aplicar ao conhecimento dos homens os métodos das ciências naturais. Mas contentar-se com isso seria esquecer o caráter duplo do comportamento humano. Juntamente com a *explicação* por leis (para falar a linguagem da filosofia alemã do começo do século XX, a qual Bakhtin toma emprestada), é preciso praticar a *compreensão* da liberdade humana. Essa opo-

---

44 Bakhtin, *Dostoïevski*, p.93.

Crítica da crítica

sição não coincide exatamente com a das ciências naturais e a das ciências humanas; não somente porque estas, por sua vez, conhecem a explicação, mas também porque aquelas, como o sabemos hoje, se servem da compreensão; no entanto, é verdade que uma predomina aqui e outra ali.

O trabalho do crítico comporta três subdivisões. Em um primeiro nível, trata-se do simples estabelecimento dos fatos cujo ideal, diz Bakhtin, é a precisão: recolher os dados materiais, reconstituir o contexto histórico. Na outra extremidade do espectro situa-se a explicação por leis: sociológicas, psicológicas, até mesmo biológicas.[45] As duas são legítimas e necessárias. Mas é entre elas, de algum modo, que se situa a atividade mais específica e mais importante do crítico e do pesquisador em ciências humanas: é a interpretação como diálogo, que sozinha permite reencontrar a liberdade humana.

O sentido é, de fato, esse "elemento de liberdade transpassando a necessidade".[46] Sou determinado enquanto ser (objeto) e livre enquanto sentido (sujeito). Calcar as ciências humanas sobre as ciências naturais é reduzir os homens a objetos que não conhecem a liberdade. Na ordem do ser, a liberdade humana é apenas relativa e enganadora. Mas na ordem do sentido, ela é, por princípio, absoluta, visto que o sentido nasce do encontro de dois sujeitos, e que esse encontro recomeça eternamente:[47] uma vez mais o pensamento de Bakhtin coincide com o projeto de Sartre. O sentido é a liberdade e a interpretação é seu exercício: este parece ser o último preceito de Bakhtin.

---

45 Cf. Id., *Estetika...*, p.343.
46 Ibid., p.410.
47 Ibid., p.342.

~~*~~

Conhecimento e engajamento
(Northrop Frye)

A imagem mais fiel para representar a longa carreira intelectual de Northrop Frye seria aquela, familiar a todos os rivais de Vico — e Frye é um deles —, de um movimento giratório que vai se alargando; de uma espiral que, mantendo sempre o mesmo eixo, atravessa, muitas vezes, novas fronteiras. Frye é um autor prolífero que praticou, pelo menos, quatro gêneros diferentes de crítica: monografia (ele publicou oito, entre elas uma sobre Blake, três sobre Shakespeare, uma sobre Milton); ensaio (até o momento, seis coleções dentre as quais mencionaremos *Fábulas de identidade*, 1963; *The stubborn structure* [A estrutura obstinada], 1970; *Spiritus Mundi*, 1976); a breve série de conferências dedicadas a um tema teórico particular (cinco volumes dos quais dois foram traduzidos para o francês, *Pouvoirs de l'imagination* [Poderes da imaginação], 1969, e *La Culture face aux médias* [A cultura nos meios de comunicação], 1968-1969); finalmente, a grande obra de síntese, *Anatomia da crítica*, em 1957 (infelizmente, não muito bem traduzida para o francês, em 1969) e, em 1982, *O Código dos códigos* (traduzida para o francês em 1984). Nessas mais de vinte obras, exprime-se um mesmo pensamento; não há nenhuma ruptura que possamos situar no tempo. Mas se, em linhas gerais, o pensamento de Frye é sempre o mesmo, isto não significa que se trate de um pensamento uno, perfeitamente coerente; ou, se preferirmos: talvez não haja contradição de um livro a outro, o que não isenta cada livro de qualquer contradição. Em conformidade com um esquema ao qual meu leitor estará agora habituado, vou ainda procurar distinguir entre aquilo que, no pensamento de Frye, procede da herança romântica e o que ultrapassa o contexto conceitual tradicional; portanto, traindo o sentido literal para melhor compreender o espírito da obra, vou introduzir a ruptura onde, para o autor, existe uma longa série de deslocamentos apenas perceptíveis na base, no grau de adesão a uma tese, na ênfase sobre tal ou tal ponto.

Crítica I

A primeira resposta apresentada por Frye à questão "O que deve fazer a crítica?" pode ser resumida em algumas palavras: ela deve tornar-se ciência. Essa exigência não é formulada com a intenção de infundir terror; trata-se, antes, de um enunciado de bom senso (coisa rara no domínio dos estudos literários; assim, o enunciado é chocante). Já que concordamos facilmente em dizer que o objetivo dos estudos literários é o melhor conhecimento das obras, segue-se que não devemos escrever uma obra crítica como se escrevêssemos um poema, que devemos procurar tornar unívocos seus conceitos e explícitas suas

Crítica da crítica

premissas; que devemos praticar a hipótese e a verificação. Isto seria evidente a julgar pela costumeira fonte de renda dos críticos (eles ensinam na Universidade) ou pela aridez de seu estilo, que torna suas obras inacessíveis aos não iniciados.

Entretanto, se aceitarmos essa primeira evidência, chegaremos, acrescenta Frye, a duas conclusões: a ciência literária é, ao mesmo tempo, sistemática e interna. Ele o escreve no início de *Anatomia da crítica*:

> Qualquer que seja o domínio investigado, a introdução da ciência faz que, no lugar do caos, apareça ordem; onde havia apenas acaso e intuição, apareça o sistema; ela protege, paralelamente, a integridade desse domínio das invasões externas.[1]

Ele precisa, portanto, conduzir seu combate em duas frentes, mudando cada vez de adversário e de aliado. Por um lado, opõe-se à tendência então dominante nos estudos literários na América do Norte (Frye é canadense), o *New Criticism*: este é, com certeza, interno, mas através dele estuda-se obra por obra, sem nenhuma atenção aos conjuntos mais vastos aos quais pertencem essas obras: os gêneros, ou mesmo a literatura, nem aos princípios estruturais que agem em mais de um poema, em mais de um romance. A posição de Frye confunde-se aqui com a de qualquer praticante das ciências humanas — antropólogo, psicólogo ou linguista — que não estuda, de maneira atomista, fenômeno após fenômeno, mas busca as regularidades estruturais.

---

1 Frye, *Anatomy of criticism*, p.7.

Tzvetan Todorov

A outra frente, no entanto, é mais animada, aquela na qual Frye luta, eventualmente, ao lado dos *"new critics"* contra os adeptos dessas mesmas ciências humanas; esse combate não diz mais respeito aos métodos, mas ao objeto. O que Frye critica em seus colegas seguidores deste ou daquele ramo da filosofia, da psicologia ou da antropologia é o fato de sua abordagem ser externa e negligenciar a especificidade da literatura. A ciência literária deve tomar seus princípios da própria literatura e alcançar sua independência, em vez de se contentar com o papel de colônia ou de protetorado, submissa a uma poderosa metrópole. Evocando seu início como crítico, Frye escreve:

> Quando, há uns trinta anos, me aproximei desse domínio, pareceu-me que a primeira coisa a ser feita era legitimar princípios críticos no interior da própria crítica, procurando evitar esse determinismo externo segundo o qual a crítica deve ser "fundamentada" sobre alguma outra coisa e arrastada em uma espécie de cadeira de rodas religiosa, marxista ou freudiana.[2]

É que toda aproximação externa desconhece, necessariamente, a especificidade da forma literária, bem como o sentido do poético e permanece na incapacidade de compreender a relação complexa, muitas vezes contraditória, da obra literária com seu meio.

A abordagem interna, ao contrário, situa a obra no contexto que lhe é próprio, aquele da tradição literária (para nós, a do Ocidente), com suas múltiplas convenções: suas formas genéricas, seus esquemas narrativos, suas maneiras de significar e

---

2 Id., *Spiritus Mundi*, p.5.

Crítica da crítica

seus conjuntos de imagens estereotipadas, que passam quase intactas de uma obra para outra; conjuntos aos quais Frye designa "arquétipos", tomando, no entanto, essa palavra em um sentido ao mesmo tempo amplo e puramente literário (e equiparando-a mais ou menos aos *topoi* de Curtius). O atomismo crítico é incorreto, pois, quando lemos uma obra, lemos sempre muito mais do que uma obra: entramos em comunicação com a memória literária, com nossa própria memória, com a do autor, com a da própria obra; as obras que já lemos, e mesmo outras, estão presentes em nossa leitura e todo texto é um palimpsesto.

A contribuição específica de Frye, nesse ponto de nossa leitura, não consiste, portanto, nem em exigir uma abordagem interna da literatura, uma vez que tal é também a ideologia crítica dominante (a dos *"new critics"*), nem em optar por uma atitude sistemática, que procede do bom senso, mas em ter sabido combinar os dois, o que não era óbvio. Ao fazê-lo, Frye retoma (e ele sabia) a tradição da poética, tal como existe desde Aristóteles, mas também tal como pode ser repensada em nossos dias. A aproximação impõe-se, aqui, com a evolução dos estudos literários na França, ainda que essa evolução se dê dez anos após os primeiros escritos importantes de Frye e que, por um desses paradoxos que frequentemente encontramos, os franceses conhecessem, então, os escritos dos Formalistas russos, mas não os de Frye. A retomada da poética, na França, a partir de meados dos anos 1960, se faz em nome dessas mesmas duas exigências, a interna e a sistemática. Podemos, portanto, se tivermos interesse por esse gênero de classificações, designar Frye "estruturalista", ainda que, por sua vez, ele nos afirme ter ignorado a palavra na época da *Anatomia da crítica*.

Tzvetan Todorov

Reconhecido esse quadro comum, podemos observar uma série de diferenças significativas. Quando, na França, nos interessávamos pela metáfora e pelas figuras da retórica, era para descrever um mecanismo linguístico; quando Frye o faz, é para repertoriar as metáforas mais persistentes da tradição ocidental. Quando estudávamos a narrativa, aqui, era para melhor conhecer a maneira através da qual uma intriga se forma ou se apresenta a seu leitor; Frye anota e classifica as intrigas favoritas de dois mil anos de história europeia. É claro, estou forçando um pouco a diferença; entretanto, podemos dizer, sem abalar os fatos, que Frye se interessa mais pelo conteúdo, enquanto os "estruturalistas" franceses se voltam para as formas; ele escreve uma enciclopédia; eles, um dicionário no qual as definições remetem mais umas às outras do que a um objeto que lhes seria exterior (a literatura); ele é pancrônico, por perceber, fiel aqui ao preceito de Eliot, uma presença simultânea de toda a literatura, enquanto eles são anacrônicos, por estudarem, na verdade, as faculdades do espírito humano (a capacidade de simbolizar ou de narrar). Em última análise, o objeto do conhecimento, para Frye, são os homens, e não o homem, como foi o caso na França. Diferenças consideráveis, bem entendido, mas que não deixam de permitir a coabitação em um plano conceitual único e que pode ser evocado antes na complementaridade do que na contradição.[3]

---

3 Em 1970, eu tinha dedicado o primeiro capítulo de minha *Introdução à literatura fantástica* a uma crítica "estruturalista" de Frye. Além de ser apressado, meu estudo de então afirma sua fidelidade aos mesmos princípios de que lança mão Frye, como não deixo de reconhecê-lo, dando-lhes uma interpretação mais extrema: reprovo a Frye, em suma, não ser suficientemente interno, nem suficientemente

Crítica da crítica

Uma consequência visível das opções gerais de Frye é sua recusa em dar lugar aos julgamentos de valor no interior dos estudos literários. Essa recusa forma a base da "Introdução polêmica" de sua *Anatomia da crítica*. Inscrever o julgamento de valor ("este poema é belo", "este romance é execrável") no programa dos estudos literários, é, diz Frye, como fazer figurar no interior da Constituição, a título de objetivo da sociedade, a felicidade dos cidadãos: a felicidade é desejável, mas ali ela não está no lugar certo. Frye quer nos alertar contra a ilusão de uma dedução dos julgamentos a partir do conhecimento (a confusão entre fato e valor, estigmatizada a partir de Weber nas ciências sociais). O julgamento de valor preexiste ao conhecimento e sobrevive a ele; mas não se confunde com ele e há, entre os dois, uma solução de continuidade; o conhecimento é orientado para o objeto do estudo; o julgamento, sempre, e apenas, para seu sujeito.

> No plano do conhecimento, o contexto da obra literária é a literatura; no julgamento de valor, esse contexto é a experiência do leitor. [...] Quando um crítico interpreta, ele fala de seu poeta; quando avalia, ele fala de si mesmo ou, no máximo, de si mesmo enquanto representante de seu tempo.[4]

Isto não quer dizer que seja necessário renunciar ao julgamento: o próprio Frye não abre mão dele, mas nisso não há nenhuma contradição; simplesmente, não é preciso pretender

---

sistemático. O debate me parece, agora, como se situado entre duas variantes do "estruturalismo".

4 Id., *The stubborn structure*, p.66, 68.

147

que o dever-ser fundamenta-se no ser. Diferentemente das artes poéticas do Renascimento, a poética de nossos dias diz como as obras são, não como devem ser.

Mas há talvez algo equivocado na simplicidade com a qual Frye determina a questão das relações entre fato e valor, entre conhecimento e julgamento. Não parece oportuno submeter, aqui, essa epistemologia a um exame crítico; observamos, entretanto, que por "julgamento" e "valor" Frye refere-se exclusivamente a apreciações de caráter estético referentes apenas à beleza da obra. Ora, tal atitude estética é, em si mesma, muito restritiva e prenuncia a futura renúncia a qualquer julgamento: a obra de arte já se encontra isolada dos outros tipos de discursos e sua apreensão, de outros tipos de julgamento, por estar reservada apenas à contemplação desinteressada, não deve levar para além da obra. Os textos literários, portanto, estão impregnados de ambições cognitivas e estéticas; eles não existem apenas para produzir um pouco mais de beleza no mundo, mas também para nos dizer qual é a verdade desse mundo, e para nos dizer o que é correto e incorreto. Também o crítico pode formular julgamentos não apenas estéticos (portanto, os menos comprometedores que existem, e que podem ser relegados à imprensa cotidiana e aos júris literários), mas também julgamentos referentes à verdade e à correção das obras.

O próprio Frye não ignora, é claro, essas outras dimensões da literatura. Ele ainda postula, em *Anatomia da crítica*, um grau de senso comum em todas as obras por ele denominadas com um termo tomado à exegese tradicional da Bíblia, o sentido moral (ou tropológico): lemos as obras em um contexto de comunicação social, como preceitos para ações cotidianas; e, em *The well-tempered critic* [A crítica bem fundamentada], ele

Crítica da crítica

escreve: "Não é forçosamente ingênuo escrever 'como é verdade' às margens do livro que estamos lendo; ou, em todos os casos, não precisamos limitar nosso contato com a literatura a uma reação puramente desinteressada e estética".[5] Mas, quando ele procura refletir sobre esse contato sob a forma de estudos literários, o resultado é decepcionante: ele se contenta em transpor essa distinção entre dois aspectos da literatura a duas fases da leitura: quando esta é imediata (ou "ingênua", ou "invisível"), procuramos a beleza; quando mediatizada (ou "sentimental" ou "visível"), ela tem por objetivo a verdade, e é a isto que se consagra o crítico. Essa verdade, no entanto, é apenas a construção dos fatos: durante o percurso, perdemos a dimensão ética e cognitiva da literatura.

Ao reencontrar o princípio fundador da filologia (o preceito de Spinoza: buscar o sentido, não a verdade), Frye declara: "Para o universitário, o objetivo não é aceitar ou recusar o tema, mas ver o que ele significa",[6] e ele se recusa a ir ao encontro de críticos que realizam combates morais servindo-se daqueles soldados de chumbo por eles designados "Milton" ou "Shelley". Em matéria de moral, o único julgamento permitido ao crítico é aquele que liga tal enunciado particular do autor a seu sistema de valores geral: "O único critério moral que pode ser aplicado a eles é o da conveniência *(decorum)*";[7] dito de outra maneira, ele se fecha em um relativismo radical. Podemos acompanhar Frye em sua preocupação por mostrar que não há continuidade entre a construção dos fatos e os julgamentos de valor

---

5 Id., *The well-tempered critic*, p.14.
6 Id., *The Great Code*, p.XX.
7 Id., *Anatomy of criticism*, p.114.

(jamais um *levará* ao outro); podemos, com ele, nos recusar a ver um substituir-se ao outro e, no entanto, considerar a crítica (como, aliás, as outras ciências humanas) como uma atividade de duas vertentes, conhecimento *e* julgamento; sua articulação torna-se, então, necessária.

Mas deixemos agora essa questão em suspenso.

Literatura I

Se a influência da ideologia romântica sobre o "primeiro" projeto crítico de Frye podia não ser evidente, sua "primeira" resposta à pergunta "O que é a literatura?" revela, imediatamente, suas ligações: delas dão testemunho, em *Anatomia da crítica*, as referências a Mallarmé ou a seus rivais, Valéry e T.S. Eliot. A literatura se define pela autonomia de seu discurso, o que a opõe à linguagem utilitária:

> Cada vez que encontramos uma estrutura verbal autônoma dessa espécie, lidamos com literatura. Cada vez que essa estrutura autônoma está ausente, lidamos com a linguagem, com as palavras, utilizadas de modo instrumental para auxiliar a consciência humana ou para compreender qualquer outra coisa.[8]

A atividade poética é uma atividade intransitiva. "O poeta, enquanto poeta, não tem intenção outra senão escrever um poema".[9] O símbolo poético não remete a nada que lhe seja exterior, seu sentido é seu lugar na estrutura (e, nisto, a poesia

---

8 Ibid., p.74.
9 Ibid., p.113.

Crítica da crítica

é como a matemática); o enfraquecimento ou o desaparecimento das relações externas ("centrífugas") é compensado pelo reforço das relações internas ("centrípetas"): as palavras não são mais signos, mas "motivos".

Ao falar de autonomia, Frye subentende sempre "com relação a uma série heterogênea". O elemento constitutivo de uma obra não é autônomo, ele está, pelo contrário, intensamente ligado a todos os seus outros elementos. E, se a própria obra é autônoma com relação à não literatura, ela depende inteiramente, pelo contrário, da tradição literária: apenas a experiência da literatura pode dar a alguém a ideia de escrever uma obra literária; os poetas imitam Homero, não a natureza. "O novo poema, como a criança recém-nascida, ocupa seu lugar em uma ordem verbal já existente. [...] Não se pode fazer poesia senão a partir de outros poemas; romances, senão a partir de outros romances".[10] Toda textualidade é intertextualidade, e a questão da "originalidade" ou das "influências" é quase sempre mal colocada: "a verdadeira diferença entre o poeta original e o poeta imitador é, simplesmente, que o primeiro é mais profundamente imitador".[11]

Essas grandes opções de Frye, apresentadas aqui rapidamente (uma aproximação interna, mas sistemática; somente a literatura, mas toda a literatura), determinam a forma do que é, provavelmente, sua obra mais popular, *Anatomia da crítica*: obra enciclopédica e sinóptica, espécie de superclassificação, que dispõe de um lugar para todos os aspectos da obra, mas que, evidentemente, se recusa a interpretar as obras ou a situá-las

---

10 Ibid., p.97.
11 Ibid.

151

com relação à história da sociedade; um inventário das formas literárias, no sentido amplo da palavra "forma", que inclui as configurações temáticas, os níveis de sentido, os tipos de imagens, as convenções genéricas, cada uma dessas categorias estando ela própria subdividida em duas, quatro ou cinco subcategorias, ilustradas por exemplos tomados, também eles, de uma cultura enciclopédica. Essa taxonomia poderia, bem entendido, ser melhorada neste ou naquele ponto (e o próprio Frye não deixou de fazê-lo), mas ela jamais se tornará algo diverso do que é: uma taxonomia, quer dizer, um instrumento do pensamento, mais do que o próprio pensamento.

Literatura II

Vimos que os Formalistas russos tinham sido levados a negar seu ponto de partida (a afirmação da autonomia da literatura) precisamente porque tinham lançado mão dele como hipótese de trabalho. Algo semelhante ocorreu com Frye, ainda que a ruptura, aqui, tenha sido menos nítida. De tanto ter observado a literatura, como exigiam seus postulados de partida, Frye notou que... a literatura não existia. Mais exatamente, ele realiza (e isto a partir da *Anatomia da crítica*) duas constatações que se associam. A primeira é a de que a literatura é definida de modo diverso, em conformidade com os contextos históricos e sociais, que não existe, portanto, definição estrutural possível do objeto literário,[12] e que a literatura é um objeto fundamentalmente heterogêneo. A segunda, apenas uma extensão da primeira, é que não se pode separar a literatura dos

---

12 Cf. Ibid., p.345.

Crítica da crítica

outros discursos mantidos em uma sociedade:[13] encontramos o "literário" fora da literatura assim como o "não literário", em seu interior.

É a primeira dessas duas afirmações que determina o interesse de Frye por um gênero literário particularmente heterogêneo, a "menipeia" ou "anatomia" (ele partilha esse interesse, por razões pertinentes, com Bakhtin). Entretanto, é sobre a segunda observação que ele voltará com mais frequência ainda. Enquanto na *Anatomia da crítica* ele também dizia que o estudo da literatura de segunda ordem não levaria muito longe,[14] em *The stubborn structure*, ele escreve:

> Gostaria que todos os professores de inglês, de qualquer nível, pudessem sentir que lidam com a totalidade da experiência verbal, ou mesmo imaginária, do estudante e não apenas com a pequena parte designada, por convenção, literatura. O bombardeio verbal incessante recebido pelo estudante sob forma de palestra, de publicidade, de *mass-media*, ou mesmo de jogos verbais como as palavras cruzadas, atinge a mesma parte da inteligência que a literatura e contribui para formar a imaginação literária com muito mais intensidade do que o fazem a poesia ou a ficção.[15]

Em resumo, "o domínio da literatura não deveria estar limitado àquilo que diz respeito à convenção literária, mas ser ampliado de modo a incluir o campo inteiro da experiência verbal".[16] E,

---

13 Ibid., p.350 e, antes, na p.104.
14 Ibid., p.17.
15 Frye, *The stubborn structure*, p.84-5.
16 Ibid., p.85.

se ele crê ter influenciado a evolução dos estudos literários, seria precisamente neste sentido, ultrapassando a estrita noção de literatura: "A revolução profissional, para cujo desencadeamento eu contribuí, teve por resultado o enfraquecimento da distinção entre literatura clássica e literatura popular".[17] Qualquer que seja essa influência, uma coisa é certa: em sua própria obra, Frye não rejeita falar dos jogos de adivinhação e das revistas eróticas, das canções de Bob Dylan assim como da gíria dos estudantes.

A diferença entre essa afirmação e a precedente ("Literatura I") é considerável, ainda que não seja possível falar de uma modificação no tempo. Enquanto Frye exige, por um lado, que a crítica se fundamente sobre princípios internos à literatura, por outro, afirma que nada é externo à literatura, mesmo se ele pouco se refere ao imaginário. Enquanto ele recomenda, por um lado, que a obra literária seja relacionada, antes de tudo, ao contexto que formam as outras obras literárias (um contexto diacrônico, portanto), ele nos pede, por outro, para estabelecer a relação entre a obra e seu contexto verbal não literário (um contexto sincrônico). E não somente verbal: de fato, tudo aquilo que diz respeito à cultura é pertinente para a compreensão da literatura. Frye cessou, aqui, de ser um teórico da literatura para tornar-se um teórico da cultura; nesse novo contexto, a literatura encontrará um lugar, que, na sequência desse movimento de ida e volta, não é mais o mesmo. Precisamos, então, fazer o desvio pela imagem global da cultura que Frye esboça, particularmente em seu livro *O caminho crítico* (1971).

---

17 Frye, *Spiritus Mundi*, p.22.

Surge, logo de partida, uma evidência: o ser humano vive, simultaneamente, em dois universos distintos, o da natureza e o da cultura. O mundo da natureza, aquele do tempo e do espaço, é feito de dados objetivos e independentes de sua vontade, e o homem, ali, não é senão um elemento entre outros. O mundo da cultura é um mundo que ele próprio criou e do qual será sempre o centro (um mundo geocêntrico e antropocêntrico, portanto); sua cultura é uma encarnação dos valores cuja única característica é ser real, por um lado; um universo que é um ideal tornado real, por outro; um mundo da natureza indiferente e um mundo dos homens interessados.

A imersão do homem nesses dois meios tão diferentes provoca nele duas atitudes igualmente distintas. A maneira mais geral de designá-las é, por um lado, *liberdade* e, por outro, *engajamento*. O engajamento (*concern*) é um termo que Frye toma da tradição existencialista; mas ele lhe atribui um sentido diverso daquele que tinha, por exemplo, nos escritos de Sartre (como já o vemos pela oposição com "liberdade"): trata-se de tudo o que nos liga à sociedade na qual vivemos, ao mundo de nossa cultura, e que contribui para sua integridade. Liberdade, ou desengajamento, ou desprendimento, é uma atitude de exame desinteressado dos fatos que nos rodeiam, uma tomada de conhecimento do mundo natural no qual estamos mergulhados.

Essas duas atitudes são favorecidas por diferentes aspectos da vida humana e, por sua vez, elas se cristalizam em formas sociais distintas. É claro, por exemplo, que qualquer questionamento do social em detrimento do individual cria um terreno propício às diversas formas de engajamento; inversamente, o interesse pelo conhecimento imparcial do mundo natural está relacionado ao desenvolvimento do individualismo. O engajamento, por essência, é conservador, pois exige a adesão aos valores sociais; o desengajamento é "liberal", por permitir ao indivíduo e à sua razão decidirem sobre o lugar de todas as coisas. O engajamento floresce em um contexto de cultura oral que favorece a manutenção das tradições; as civilizações da escrita, ao contrário, facilitam o isolamento do indivíduo e seu confronto direto com a natureza. A oposição mais clara é, talvez, aquela que diz respeito à natureza da verdade em um e em outro caso. Para a atitude do engajamento, a verdade é uma verdade de autoridade, ou de revelação; ela coincide com os valores sociais e a reação humana que corresponde a ela é a da crença. Para a atitude de liberdade, a verdade é necessariamente verdade de correspondência, ou de adequação; uma relação entre os fatos e os discursos mais do que entre os discursos e os valores; o comportamento humano que dela deriva é o do conhecimento.

Quando as atitudes de engajamento e de liberdade se manifestam através da linguagem, elas dão nascimento a dois grandes tipos de discurso que Frye designa como *mitologia* e *ciência*. A ciência, encarnada em particular pelas ciências naturais, tem por objetivo o mundo, incluído aqui o mundo interior do homem; ela eleva a imparcialidade e o desprendimento ao patamar das virtudes cardinais e reconhece como únicos argumentos a verificação empírica e o raciocínio lógico. "Mitologia" é um termo que Frye igualmente emprega em sentido amplo: é o conjunto dos discursos que expressam a relação do homem com os valores. "Uma mitologia é [...] um modelo cultural que exprime a maneira pela qual o homem quer formar e reformar a civilização que ele mesmo criou".[18] Outros teriam

---

18 Ibid., p.21.

Crítica da crítica

empregado, no lugar, o termo "ideologia", e Frye sabe disso;[19] mas ele prefere a raiz "mito", a qual sugere que esses discursos são, de modo predominante, narrativas. A mitologia é um produto da imaginação e uma expressão do ideal, mas assim é também o mundo da cultura; a mitologia não é nada mais do que a expressão verbal de uma cultura.

Esses dois mundos, essas duas atitudes, esses dois tipos de discursos são irredutíveis um ao outro. Mas o espírito humano aspira à unidade e ele sempre tendeu a levar um dos dois ao outro. A reação clássica é aquela que submete o conhecimento à crença e a natureza à cultura. Nos primórdios da humanidade, os mitos são, talvez, considerados não somente como uma expressão do ideal, mas também como uma descrição do mundo. Comumente tomamos nossos desejos como realidade e preferimos acreditar no mundo harmonioso e inteligível apresentado pelos mitos, em vez de procurar a verdade empírica. Essa atitude reputada primitiva mantém-se, bem entendido, até nossos dias; ela pôde tomar, no decorrer da história, a forma de grandes sistemas ideológicos que submetem a liberdade do conhecimento ao engajamento das convicções; isso no cristianismo ou, mais recentemente, no marxismo (esses dois exemplos sempre estão juntos em Frye), nos quais a ciência é deduzida de uma visão filosófica. O desejo de instituir uma ciência biológica marxista é uma instância desta última atitude.

Quando entendemos que é mais importante modificar o mundo do que conhecê-lo, sabemos que se trata, novamente, de

---

19 Cf. Frye, *The critical path*, p.112.

um movimento que procura subordinar todos os mitos filosóficos de liberdade a um novo mito de engajamento.[20]

Ocorre também uma reação especificamente moderna à dualidade da condição humana: é aquela que consiste em querer eliminar o engajamento em proveito da liberdade, a mitologia em nome da ciência. A ciência é originalmente uma atitude com relação à natureza; mas, porque ela é, ao mesmo tempo, um fato de sociedade, ela se torna, por sua vez, o núcleo de uma nova mitologia, uma mitologia interiormente contraditória, por afirmar, contrariamente ao cristianismo e ao marxismo, um mito de liberdade. Esse mito nos faz acreditar que qualquer engajamento, qualquer ideologia, está condenado a uma extinção próxima, assegurada pela inclusão de novos domínios pela ciência. Uma das consequências dessa convicção é, precisamente, a afirmação de que os mitos não são senão a ciência balbuciante:

> Os primeiros especialistas da mitologia [...] gostavam de nela ver uma ciência primitiva, porque seguia-se um contraste lisonjeiro entre as visões primitivas da natureza e a sua. [...] Essa atitude era essencialmente um produto acessório da ideologia europeia que procurava racionalizar a maneira como eram tratados os povos não europeus no século XIX.[21]

Ora, uma tal assimilação não é menos ilusória e perigosa do que a precedente: ela repousa sobre uma confusão entre fato

---

20 Ibid., p.53.
21 Frye, *Creation and recreation*, p.7.

Crítica da crítica

e valor, entre natureza e cultura e não permite levar em conta as propriedades especificamente humanas de nosso mundo. Não devemos precisar escolher entre o mundo sem liberdade, descrito por Orwell em *1984*, ou o mundo sem engajamento, representado por Huxley em *Admirável mundo novo*.[22]

Frye não se cansa, portanto, de afirmar a necessidade simultânea dos dois, mitologia e ciência, engajamento e liberdade. O engajamento sem liberdade degenera em angústia; a liberdade sem engajamento engendra indiferença. Também é preciso não imaginar nenhuma síntese dos dois:

> Pode ser revelador que os esforços verdadeiramente grandes para reconciliar as duas espécies de realidade se revelem atos de canibalismo: em Hegel, o saber absorve finalmente a fé, assim como em *Summa contre Gentiles* a fé absorve o saber.[23]

As duas atitudes não estão sempre em contradição: às vezes elas têm mesmo algumas analogias, ou tendem à reaproximação, ou ainda se cruzam acidentalmente: mas suas naturezas sendo distintas, jamais podem coincidir; a antítese e a tensão são, portanto, mais salutares que a síntese: não invejemos o olho único de Ciclope. O ser humano tem necessidade dos dois discursos, pois ele efetivamente vive, ao mesmo tempo, nos dois mundos: a mitologia não lhe é útil em sua relação com as coisas impessoais, assim como a ciência é de pouca utilidade no diálogo entre o eu e o tu.

---

22 Cf. Id., *The critical path*, p.55.
23 Ibid., p.58.

Enquanto o homem viver no mundo, ele terá necessidade da perspectiva e da atitude do sábio; mas, na medida em que ele criou o mundo em que habita, em que experimenta uma responsabilidade em relação a ele e que se sente engajado em seu destino, que também é seu próprio destino, ele precisará da perspectiva e da atitude do especialista das disciplinas humanitárias.[24]

A democracia, que é a forma social na qual vivemos, situa-se claramente ao lado da liberdade, da tolerância e do individualismo. Isso significa dizer que nela qualquer engajamento desapareceu, ou deve desaparecer? Certamente não; mas o papel que a ciência desempenha na democracia modifica o local do engajamento. Uma mitologia que apenas leva em consideração a crença ou, o que dá no mesmo, que reivindica para si mesma tanto a verdade de autoridade quanto a verdade de correspondência, é necessariamente uma mitologia *fechada*. Entretanto, uma sociedade que reconhece a copresença necessária de liberdade e de engajamento, de ciência e de mitologia, pode dispor de uma mitologia *aberta* e que é a única à qual deve aspirar a sociedade democrática. Essa mitologia nada mais é do que "uma pluralidade de mitos de engajamento, na qual o estado assume a tarefa de manter a paz entre si".[25] Isto não quer absolutamente dizer, conforme nos apressamos às vezes em acreditar, que em uma tal sociedade todos os valores são relativos (dependem apenas dos pontos de vista), nem que renunciamos a qualquer verdade de autoridade. O que se modifica é a função desta verdade: mais do que obrigação preliminar, ela se torna

---

24 Frye, *The stubborn structure*, p.55.
25 Id., *The critical path*, p.106.

Crítica da crítica

o horizonte comum de um diálogo no qual se defrontam opiniões diferentes; ela é o que torna esse diálogo possível. E Frye propõe ainda alguns pontos de referência, permitindo avaliar os diferentes mitos de engajamento que circulam em nossa sociedade: sua compatibilidade com a caridade ou respeito pela vida do outro, como com a honestidade intelectual e, portanto, finalmente, com os resultados da ciência.

Como se manifesta, concretamente, uma mitologia? Nas sociedades tradicionais, ela encontra sua expressão nos mitos e nas diversas formas de prática religiosa. Nas sociedades modernas, esse papel é assumido por aquilo que designamos cultura, e, em seu centro, as artes e, mais particularmente, a literatura, a literatura narrativa mais do que todo o resto. Daí a afinidade entre a religião e a literatura: não que esta seja oriunda daquela, ou deva substitui-la, mas porque ambas são variedades de mitologia, adaptadas a sociedades diferentes. A literatura – à qual voltamos após esse longo desvio – não é uma forma degradada de ciência, não é uma descrição do mundo, mas uma expressão dos valores de uma sociedade, um mundo imaginário. A função da literatura é a de "dotar a sociedade de uma visão imaginária da condição humana", escreve Frye,[26] e também: "A literatura é o "grande código" do engajamento;[27] vemos que, mesmo se o pensamento de Frye nunca conheceu verdadeiras rupturas, uma certa distância separa essa afirmação da concepção da literatura exposta anteriormente, na qual a literatura encontra seu objetivo em si mesma. Qualquer contemplação é errônea, pois ela ignora essa dimensão social essencial. O papel

26 Id., Littérature et mythe, *Poétique*, n.8, p.497, 1971.
27 Id., *The critical path*, p.128.

reservado às artes nas sociedades democráticas é, ainda, qualitativamente novo: é o de um laboratório no qual se preparam, em liberdade, novos mitos de engajamento. Não é um acaso que as artes sejam reprimidas nas sociedades que vivem sob a regra de um engajamento único, como as sociedades totalitárias. Não apenas a literatura é social, mas também a sociedade (democrática) tem necessidade da literatura. "Por si mesma, a literatura não pode impedir a destruição total, que é um dos possíveis numerosos destinos da raça humana; penso, entretanto, que esse destino seria inevitável sem a literatura", conclui Frye (em uma conferência inédita, "Literature as a critique of pure reason" [Literatura como uma crítica da razão pura], 1982), como eco, talvez, às frases pelas quais Sartre terminava *O que é literatura?*: "O mundo pode, muito bem, ficar sem a literatura. Mas ele pode ficar ainda melhor sem o homem".[28]

Durante quase dois mil anos, pensa Frye, a Europa do Oeste exprimiu seus engajamentos através de um vasto conjunto de mitos: esses mitos permanecem vivos em nossos dias, ainda que Rousseau e os românticos, Marx e Freud, tenham trazido elementos mitológicos novos. Esse conjunto encontra sua origem na Bíblia, na tradição judaico-cristã que, desde o tempo de sua criação, conseguiu absorver os outros mitos presentes na memória coletiva: os da mitologia clássica, bem como os do amor cortês, as lendas dos Nibelungos assim como as do rei Artur. A Bíblia, como disse Blake, é "o Grande Código da Arte", que propõe um modelo de espaço, do céu ao inferno, assim como de tempo, desde a gênese até o apocalipse; todos os poetas europeus dele se serviram, sabendo-o ou não. Vemos agora

---

28 Sarte, *Qu'est-ce que la littérature?*, p.357.

melhor em que reside a unidade da obra crítica de Frye, cujo primeiro livro, *Effrayante Symétrie* [Temível simetria] (1947), é uma monografia sobre Blake, e o último em data, *O Código dos códigos,* uma exploração da mitologia bíblica. Na crítica literária, frequentemente o objeto estudado parece dominar a vontade do sujeito que estuda: assim como Bakhtin permaneceu, durante toda a sua vida, uma espécie de porta-voz de Dostoiévski, Frye sempre ampliou e explicitou essa intuição de Blake.

Crítica II

Em *Anatomia da crítica*, Frye define seu projeto como um "estudo sistemático das causas formais da arte".[29] Se levarmos em conta seus outros escritos, deveríamos acrescentar: "e uma livre reflexão sobre os efeitos sociais da arte". Ele próprio, entretanto, está pronto a fazer a correção, em *Anatomia da crítica* e mesmo em outros textos:

> A crítica terá sempre dois aspectos, um voltado para a estrutura da literatura, o outro, para os outros fenômenos culturais, que formam o entorno social da literatura. Juntos eles equilibram um ao outro: quando trabalhamos com um, excluindo o outro, a perspectiva crítica precisa de acertos.[30]

É por esta razão que Frye recusa identificar-se a uma escola à qual ele pertenceria (ainda que fosse para ser seu chefe), e, além disso, recusa, por julgá-la ilusória, a pluralidade de

---

29 Frye, *Anatomy of criticism*, p.29
30 Id., *The critical path*, p.25.

"métodos" que caracterizaria a crítica contemporânea: a única diferença está na parte do objeto pela qual nos interessamos. Compreender um texto literário, ele escreve em outro lugar,[31] nunca é nada mais do que colocá-lo em relação com contextos diferentes: o das outras obras do autor e o resto de sua vida; o de seu tempo; o da literatura tomada como um todo. A preferência pessoal que temos pelo estudo de um ou de outro contexto não significa que há uma pertinência exclusiva; as diversas críticas de uma obra podem, mais uma vez, completar-se em vez de contradizer-se.

Mas como situar a crítica em relação à oposição entre engajamento e liberdade, entre mitologia e ciência? Frye hesita a este respeito. Por um lado, ele sabe que a crítica, como todas as ciências humanas, como a teoria política ou a filosofia, é parte integrante da estrutura mitológica própria de uma sociedade, ainda que, assim como as outras disciplinas humanitárias, ela também obedeça a regras de verificação empírica e de raciocínio lógico: efetivamente, ela participa do estabelecimento do mundo dos valores de uma sociedade. Mas, por outro lado, fiel à sua interpretação da ciência como produto da atitude de liberdade, e não de engajamento, ele se recusa a atribuir ao pensador uma responsabilidade outra que a descrição exata de seu objeto. Seria possível, talvez, superar essa contradição aparente dos enunciados se voltássemos ao que é sua causa, a saber, a complexidade do objeto descrito. É verdade que essas disciplinas e, de modo particular, a crítica, participam, ao mesmo tempo, das ciências e das artes; não porque, como vimos com Baktin, uma escrita "artística" ali é exigida, mas

---

31 Id., *The stubborn structure*, p.88.

Crítica da crítica

porque, ao mesmo tempo em que obedece às imposições científicas, o crítico toma posição em relação aos valores que são a matéria dos próprios textos literários; ou, de qualquer forma, ele deveria fazê-lo. Como recorda na ocasião o próprio Frye, "o único saber digno desse nome é aquele que leva à sabedoria, pois um saber sem sabedoria é um corpo sem vida".[32] Podemos, no entanto, aspirar à sabedoria se nos contentamos em situar cada autor com relação ao ideal que lhe é próprio, conforme nos aconselhava o autor de *Anatomia da crítica*? Se somos assim levados à aporia é porque a dicotomia inicial de Frye era radical demais (o que não quer dizer que é preciso eliminá-la completamente). Os valores não provêm da verificação empírica, é fato, mas seria inevitável, por essa razão, vê-los fundamentados apenas na autoridade? Podemos *discutir* valores e gostos, contrariamente ao que afirma o adágio antigo; ora, esta mesma possibilidade implica uma referência ao universal e à verdade, que não é mais incompatível com o espírito da ciência.

Penso que, na realidade, Frye optou por conciliar saber e sabedoria, conhecimento e engajamento, antes de se deixar confinar em uma concepção monista de sua profissão; ele foi mesmo bem mais longe na direção do artista e, portanto, do moralista, se pensarmos na forma e no estilo de seus escritos. Não é que tudo ali seja irrepreensível. Seu texto dá, muitas vezes, a impressão de apresentar em termos mais simples, de "vulgarizar", um pensamento do qual jamais teremos a versão rigorosa. Suas obras, além disso, são curiosamente repetitivas: eu veria a explicação desse fato menos em sua evidente facilidade de escrita do que na convicção um pouco ingênua de que seus leitores,

---

32 Ibid., p.15.

como seus ouvintes, sempre são diferentes, e de que é preciso, portanto, lhes explicar tudo desde o início; sempre acontece que, a cada novo livro, descobrimos que o precedente não era senão seu rascunho. Podemos lastimar esse estado de coisas, mas não podemos nos impedir de ver que ele procede de uma convicção perfeitamente justificada: a saber, que o pedantismo do estilo pode matar a liberdade de pensamento. Foi por essa razão que o estudo sistemático foi realizado, como eu dizia, pela livre reflexão: o jargão especializado é reduzido ao mínimo, as notas desapareceram, as análises de outras obras relacionadas aos mesmos temas são excepcionais. O contexto recriado pelos livros de Frye é o do diálogo, e não o do estudo impessoal. Ele fala a um ouvinte generoso, mas não especialista. E, quando acabamos um livro de Frye, nem sempre temos a impressão de ter aprendido muito; temos, entretanto, o sentimento de ter estado em contato, durante um momento, com um espírito dotado de uma rara qualidade: a nobreza.

A crítica realista
(Correspondência com Ian Watt)

Excetuadas duas publicações na revista *Poétique*, a obra de Ian Watt não está traduzida para o francês. Isto pode ser explicado, mas não desculpado, pois até o momento essa obra referiu-se apenas à literatura inglesa, ainda que Watt tivesse se aventurado também pelo domínio da teoria antropológica geral, colaborando em um brilhante ensaio sobre o papel da escrita na história.[1] Esta obra, aliás, não é extensa: limita-se a dois livros: *A ascensão do romance* (1957), estudo sobre o "nascimento do romance" na Inglaterra com a obra de Defoe, Richardson e Fielding, e *Conrad in the Nineteenth Century* [Conrad no século XIX] (1979), primeiro tomo de uma monografia sobre Conrad, que deve ter dois; acrescentem-se a isso cerca de doze artigos substanciais. A razão desta pequena produção está associada ao próprio trabalho realizado por Watt: ele não é um

---

1 Goody; Watt, The consequences of Literacy, 1960, reproduzido, por exemplo, em Goody (ed.), *Literacy in traditional societies*, 1968.

teórico, mas um empirista – ora, este, diferentemente daquele, é obrigado a ler muito e a escrever pouco.

Estas são duas obras-primas de crítica literária e também a razão pela qual escolhi a obra de Watt como exemplo – particularmente bem-sucedido, é preciso dizê-lo – de um tipo de trabalho crítico que correria o risco de passar despercebido, se apenas levássemos em conta enunciados programáticos e reflexões teóricas quando, na realidade, ele absorve os esforços da maioria das pessoas que se dedicam a essa profissão. Trabalho de comentário paciente, de restituição do sentido das palavras e das construções sintáticas, pesquisa de informações de qualquer tipo, submetido a um único objetivo: permitir uma melhor compreensão do texto que temos sob os olhos. Essa crítica não apregoa seu programa, mas este deve estar em algum lugar; é preciso, assim, tentar procurá-lo. Conheço Ian Watt, pessoalmente, e decidi enviar-lhe minha descrição de seu trabalho para que pudesse expressar-se a respeito. Segue a troca de correspondência.

Caro Ian,

Envio-lhe algumas reflexões despertadas em mim pela leitura de seus estudos críticos.

Designemos *comentário* o texto que é produzido a partir de outro texto com o objetivo de facilitar sua compreensão. A operação fundamental do comentarista é, no fundo, sempre a mesma: ela consiste em relacionar o texto por ele analisado com outros elementos de informação, os quais, por esta razão, formam seu contexto. Quais são os contextos essenciais aos quais nos referimos ao ler uma página? Schleiermacher, fundador da hermenêutica na época moderna, identificava dois. Por um lado,

Crítica da crítica

será necessário o conhecimento da língua da época, o qual poderia ser simbolizado por um dicionário e por uma gramática; é o que ele designava interpretação "gramatical". Por outro, é preciso incluir a página analisada no *corpus* ao qual ela pertence: a obra da qual é extraída, as outras obras do mesmo escritor e mesmo toda sua biografia; ele a designava "técnica".

Os termos de Schleiermacher não são mais empregados em nossos dias; eu também os substituiria por outros, falando de análise *filológica*, no primeiro caso (restituição da língua da época) e de análise *estrutural*, em sentido amplo, no segundo (a colocação em evidência das relações intratextuais). Mas esses dois contextos, considerados insuficientes, foram completados por outros, dentre os quais apontarei, aqui, dois que podem ser considerados, sob certa perspectiva, como prolongamentos dos dois primeiros. Há, por um lado, aquilo que designarei contexto *ideológico*, decorrente dos outros discursos mantidos na mesma época, filosófico, político, científico, religioso, estético, ou das representações das realidades socioeconômicas; é, portanto, um contexto ao mesmo tempo *sincrônico* e *heterogêneo*, contemporâneo e não literário. Às vezes, nós o designamos contexto "histórico", mas o uso desta palavra é paradoxal, pois qualquer dimensão temporal está justamente eliminada; essa designação conviria melhor, de fato, a um outro contexto o qual, para não confundir as coisas, designarei simplesmente contexto *literário*. Trata-se da tradição literária, da memória dos escritores e dos leitores que se cristaliza em convenções genéricas, estereótipos narrativos e estilísticos, imagens mais ou menos imutáveis; é, portanto, um contexto ao mesmo tempo *diacrônico* e *homogêneo*.

Quais relações mantêm esses diferentes contextos? É preciso, aqui, distinguir o direito e o fato. Na prática, a especialização moderna exige que se escolha um em detrimento do outro, para adquirir uma maior competência. Mas, em princípio, não vemos em nome de que essas sucessivas correlações deveriam ser declaradas exclusivas de um ou do outro. A obra literária (como também as outras) fica demasiadamente dependente de seu contexto ideológico *e* de seu contexto literário, sem mencionar o fato de que análise filológica e análise estrutural deveriam acompanhar qualquer tentativa de uma melhor compreensão do sentido. Portanto é, ao mesmo tempo, vão e nocivo opor essas diferentes perspectivas reivindicando a cada uma delas um direito de monopólio; se nos perdemos neste caminho, foi por termos feito dos meios um fim: enquanto o trabalho realizado em cada uma dessas perspectivas contribui para a compreensão das obras, reificamos estes pontos de vista em ideologias concorrentes, de pretensão totalizante. Convém, no entanto, mostrar que essas perspectivas críticas são compatíveis, não apenas por direito, mas também de fato; ora, esta é a demonstração que traz sua obra crítica.

O primeiro capítulo de *A ascensão do romance* abre uma dupla questão, à qual responde todo o restante da obra: "Em que o romance difere das obras de ficção em prosa que existem no passado, por exemplo, na Grécia, ou na Idade Média, ou no século XVII na França? E há alguma razão para que essas diferenças tenham surgido em tal lugar e em tal momento?".[2] Vemos que essas questões fazem apelo a vários contextos anteriormente evocados. Não se menciona a competência filológica, que é evidente; mas a primeira questão lembra tanto a perspectiva estrutural (a identificação do gênero romanesco, sua descrição formal) como

---

2 Watt, *The rise of the novel*, p.9. Esse capítulo foi traduzido em *Poétique*, n.16.

Crítica da crítica

a perspectiva literária (um confronto dessa forma com a tradição literária), enquanto a segunda está orientada para o contexto ideológico, por relacionar o gênero com outros acontecimentos contemporâneos.

E o livro todo segue simultaneamente essas diversas buscas. Ele descreve, por um lado, os traços formais do gênero romanesco, em contraste com a prosa anterior: a escolha de uma intriga original no lugar de uma tradicional; a representação de fenômenos variáveis no lugar de essências imutáveis; o interesse pela vida dos indivíduos que se traduz por um novo tipo de nomes das personagens; a particularização do tempo que chega, no século XX, ao monólogo interior; a particularização do espaço; o uso da linguagem "como simples meio de denotação"[3] etc. Por outro lado, ele analisa as grandes ideias trazidas por Descartes e Locke, ou pela revolução religiosa dos puritanos, assim como as transformações das próprias realidades sociais e econômicas, uma vez que estas, sob a forma de discursos ou de imagens, estão igualmente presentes na consciência dos autores e dos leitores da época (ficamos sabendo, por exemplo, em que consistia, estatisticamente falando, a evolução do casamento na Inglaterra no século XVIII).

Ocorre o mesmo com seus outros escritos. Cada obra de Conrad (lidamos agora com um escritor em particular e não mais com um gênero) é longamente analisada em si mesma; mas essas análises são precedidas de uma recordação dos grandes debates ideológicos da época (entre ética vitoriana e niilismo nascente, entre nostalgia religiosa e ideologia cientificista), bem como de seus ecos na reflexão propriamente estética (os mo-

---

3 Ibid., p.28.

vimentos impressionista e simbolista); além disto, essas obras são, constantemente, confrontadas com outros textos literários, contemporâneos e anteriores. Uma análise mais breve de Henry James identifica inicialmente as características de seu estilo: "Preferência pelos verbos intransitivos; abundância de substantivos abstratos; uso copioso de *that*; um certo recurso a variantes elegantes visando evitar o acúmulo de pronomes pessoais e adjetivos possessivos, tais como "ele", "seu", "lhe"; finalmente, o uso muito frequente de negações ou de "quase negações";[4] ela se prolonga, em seguida, em uma reflexão sobre o empirismo e o individualismo de James, ou sobre o relativismo cético que domina não apenas o pensamento de James, mas também o da segunda metade do século XIX.

Poderíamos pensar, de acordo com minha descrição, que se trata de uma justaposição mecânica. Mas não é isso, e a explicação é a seguinte: no interior de cada livro, você cria uma espécie de *língua franca*, de esperanto, para a qual traduz os diferentes discursos que você analisa. Essa língua intermediária é a da *ideologia*, compreendida, aqui, como a tradução para a linguagem comum tanto das ideias filosóficas, ou religiosas, ou políticas, quanto das formas literárias. É um pouco o que Montesquieu designava "espírito das nações", um substrato ideológico produzido sob o efeito de todas as instituições sociais, impregnando-as, por sua vez. É preciso dizer que se o primeiro tipo de conversão dos outros discursos em discurso ideológico coloca apenas problemas de escolha do nível de abstração, o segundo, o das formas literárias à ideologia, revela, em sua obra, um dom de intérprete

---

4 Watt, The first paragraph of *The Ambassadors, Essays in criticism*, n.10, trad. franc. em *Poétique*, n.34, p.176.

Crítica da crítica

pouco comum. Sem nenhum esforço visível, você escreve frases como: "A total submissão do sujeito ao modelo das Memórias autobiográficas [operado por Defoe] é uma afirmação da primazia da experiência individual tão provocante quanto o era o *cogito* de Descartes para a filosofia",[5] ou então: "O romance exige uma concepção do mundo centralizada sobre as relações sociais entre indivíduos",[6] ou ainda: "Os traços mais marcantes e identificáveis do estilo de James, seu vocabulário e sua sintaxe, refletem, diretamente, sua atitude com relação à vida e sua concepção do romance".[7]

A hipótese subjacente a esse tipo de análise é a de que a literatura é uma forma de ideologia entre várias outras. Essa hipótese – mínima – não deve ser confundida com afirmações mais ambiciosas. É abusivo, por exemplo, sustentar uma relação de causa e efeito entre uma ideologia social já constituída e a literatura. "As inovações, tanto filosóficas como literárias [no século XVIII], devem ser consideradas como as manifestações paralelas de uma mudança maior, essa vasta transformação da civilização ocidental a partir do Renascimento, que substituiu a imagem de um mundo medieval unificado por outro, muito diferente".[8] É mesmo imprudente acreditar que a ideologia, no livro, seja uma representação fiel da ideologia no mundo a nosso redor. "De todo modo, os maiores autores raramente são representativos da ideologia de seu tempo; eles tendem, antes, a expor suas contradições internas ou a mostrar que sua capacidade de dar conta

---

5 Id., *The rise of the novel*, p.15.
6 Ibid., p.84.
7 Watt, Le premier paragraphe *des Ambassadeurs*, *Poétique*, n.34, p.188-9.
8 Id., *The rise of the novel*, p.31.

dos fatos da experiência é muito parcial".[9] Mas, se o autor não se contenta em seguir as vozes dominantes de seu tempo, nem por isso ele deixa de discutir com elas; seu conhecimento, portanto, é necessário à compreensão deste autor.

Seu projeto é o de restituir o sentido da obra em si mesma, nem mais nem menos, lançando mão, para isso, de uma análise detalhada do texto e de uma vasta busca nos contextos; como você mesmo o diz, "o principal engajamento deve referir-se àquilo que podemos designar imaginação literal: o comentário analítico restringe-se àquilo que a imaginação pode descobrir através de uma leitura literal da obra".[10] Tal projeto pode parecer deslocado em nossos dias, em uma época na qual o "relativismo cético" obteve novos grandes avanços. Quanto a mim, antes de debater essa possibilidade teórica, contento-me em observar sua existência de fato; e aquele que não acreditar nisso, leia as cento e trinta páginas por você dedicadas ao *Coração das trevas*, de Conrad.

Mas, ao mesmo tempo, um outro fato desperta minha atenção. O ideal crítico é, portanto, apenas fidelidade, a representação exata de uma parte do mundo (constituída pelas produções do espírito). Ora, você fala desse projeto em seus livros, não em relação à sua abordagem — você é, ao contrário, muito econômico em declarações programáticas —, mas em relação aos escritores que constituem sua matéria privilegiada: os realistas. Bom número deles recusa que suas obras sejam apreendidas por si mesmas: elas não existem, pura transparência, senão para transmitir um segmento do real. "Sua prosa tem, por objetivo exclusivo, aquilo que Locke define como fim verdadeiro da linguagem, 'transmitir

---

9 Id., *Conrad in the nineteenth centuy*, p.147.
10 Ibid., p.X.

Crítica da crítica

o conhecimento das coisas', e a totalidade de seus romances não pretende ser mais do que uma transcrição da vida real – dizendo, como Flaubert, 'o real escrito'".[11] Eles procuram apagar qualquer vestígio de uma intenção que lhes seja própria: os fatos relatados não aparecem para ilustrar nenhum propósito do autor, mas simplesmente porque eles ocorreram. "Esta é a espécie de participação tipicamente provocada pelo romance; ele nos faz sentir que estamos em contato, não com a literatura, mas com a crua matéria da própria vida refletida, momentaneamente, no espírito dos protagonistas".[12]

Você mesmo não está longe de reconhecer esse paralelismo. Ao analisar um conto de Conrad, *A linha de sombra*, você tenta extrair a posição filosófica de Conrad, e escreve : "Conrad não se preocupa em nos dizer se os diferentes traços gerais identificados por ele na experiência do narrador são, em si mesmos, bons ou maus, mas apenas que eles estão ali".[13] Eis a posição realista na literatura: mostrar sem julgar. À página imediatamente anterior, entretanto, você escreve, a propósito de sua própria análise: "Quanto a saber se as ideias que reconheci em *A linha de sombra* são verdadeiras ou interessantes, e se, e como, Conrad as faz parecer assim, a coisa está fora dos limites de minha presente investigação";[14] inútil dizer que a questão não será mais retomada em outra parte. Estamos, portanto, agora, diante da posição realista na crítica: ainda aqui contentamo-nos em mostrar sem julgar. É esta a

---

11 Watt, *The rise of the novel*, p.30.
12 Ibid., p.193.
13 Watt, Story and idea in Conrad's *The shadow-line*. In: Shorer (ed.), *Modern British fiction*, p.134.
14 Ibid., p.133.

razão pela qual você, ao evocar seu livro *A ascensão do romance* vinte anos depois de seu aparecimento, o qualifica como "obra de crítica realista"[15] e afirma "a necessidade do realismo na crítica literária":[16] não a crítica das obras realistas, mas sim a crítica realista das obras?

Decididamente, os críticos deixam-se influenciar muito pelo tema de suas pesquisas (justamente tema e não objeto): Bakhtin por Dostoiévski, Frye por Blake, você pelos realistas, assim como Blanchot por Sade ou Jakobson por Khlébnikov, Mallarmé e Baudelaire... As escolas críticas são calcadas sobre as correntes literárias; é que a atividade crítica é (pelo menos) dupla: descrição do mundo, por um lado (como a ciência, portanto), e atividade ideológica por outro (como a literatura). Não há nada a se objetar a isto.

Mas o programa, explícito ou implícito, da "crítica realista" coloca um outro problema. Quando a crítica estruturalista apresenta seu trabalho como perfeitamente objetivo (dependente apenas de seu objeto) e transparente, ela permanece em acordo com sua concepção da obra literária: ela é considerada um artefato que se esgota em sua imanência, como um objeto que se explica apenas por si mesmo. À imanência da literatura corresponde a imanência da obra crítica. Não ocorre o mesmo, no entanto, com uma crítica sensível ao contexto ideológico. De fato, esta discorda do programa realista. O escritor realista pretende que sua obra justifique-se apenas pela existência das coisas por ele representadas; ele não reconhece nenhum propósito seu e, portanto, nenhuma ideologia: ele não julga, ele mostra. A

---

15 Watt, The realities of realism, 1978, inédito, p.27.
16 Ibid., p.2.

Crítica da crítica

crítica ideológica destrói essa pretensão: longe de ser um simples reflexo fiel do real, ela nos faz ver que a obra realista é, também, o produto de uma ideologia (a do autor); daí a pertinência do estudo desse contexto. Mas, tendo realizado essa demonstração, a crítica realista (subtipo da crítica ideológica), sem notá-lo talvez, endossa o credo recentemente demolido e faz ouvir, por sua vez: a obra que realizei tem como justificativa, apenas, a verdade nela contida; trata-se de uma "amostra de vida", de um "real escrito"; ela não tem propósito nem ideologia; ela se contenta em representar, sem julgar. Mas, por qual razão o que seria verdadeiro para a literatura não o seria para a crítica? Por qual razão a dependência da ideologia, tão marcante ali, para aqui, no início do trabalho?

Na verdade, a reclusão na imanência não pode ser senão um programa: o crítico não pode impedir-se de julgar; mas há uma diferença entre os julgamentos admitidos por seu autor e outros, clandestinos. Após ter apresentado a apologia da solidão realizada por Defoe, você acrescenta: "Em sua narrativa [...], Defoe negligencia dois fatos importantes: a natureza social de todo comportamento econômico e os efeitos psicológicos reais da solidão";[17] assim, tomamos conhecimento de que você tem, a respeito desse tema, opiniões que diferem das de Defoe. Ao relatar as ideias de Conrad sobre a função da literatura, você não consegue deixar de comentar: "A história nos forneceu, impiedosamente, objeções a estas grandes pretensões: a saber, que a literatura não faz realmente essas coisas; [...] e que a 'sociedade humana', na verdade, não é 'unificada' nem pela literatura, nem por qualquer outra coisa".[18] Quando Conrad fundamenta seu pessimismo humano

---

17 Watt, *The rise of the novel*, p.78.
18 Id., *Conrad in the nineteenth century*, p.80.

sobre uma fatalidade geológica, você replica: "Pode-se contrapor logicamente a essa maneira de argumentar, por demais geral e sumária, que a vida do planeta é, finalmente, muito mais longa do que a de um homem e que Conrad, na verdade, confunde duas ordens de grandeza temporal completamente diferentes".[19] Então, a crítica deixa de ser simples apresentação, tornando-se, através do diálogo, busca comum da verdade; mas gostaríamos de tirar maior proveito de seu conhecimento.

"Conhecimento e verdade" integram, efetivamente, a "preocupação patente" em seus escritos,[20] como acontece com uma grande parte da própria literatura realista. Ocorre uma tensão própria ao realismo, entre seu programa de pura apresentação e sua propensão natural ao julgamento, de modo que você será levado, em *A ascensão do romance* e em outros textos, a distinguir entre duas espécies de realismo: justamente, realismo de apresentação e realismo de julgamento (*assessment*). Não tratávamos, até o presente, senão o do primeiro tipo. Ora, é o segundo que se caracteriza por uma "tomada de contato com toda a tradição dos valores da civilização", por uma "apreensão verdadeira da realidade humana" e por um "equilibrado julgamento da vida".[21] Na verdade, todo autor realista pratica simultaneamente os dois: "Ocorre sempre uma forma de avaliação inextricavelmente associada à apresentação realizada por um autor". A diferença está somente na intenção, mas este "somente" é enorme: para Fielding, diferentemente de Defoe, "as palavras e as expressões, intencionalmente, evocam não apenas o próprio acontecimento narrativo, mas também toda a

---

19 Ibid., p.154.
20 Watt, The realities of realism, p.18.
21 Id., *The rise of the novel*, p.288.

Crítica da crítica

perspectiva literária, histórica e filosófica na qual o leitor deve localizar o personagem ou a ação".[22]

Assim, sua obra – e, com ela, toda a melhor parte do que designamos crítica histórica – oscila entre o realismo de apresentação e o realismo de julgamento, entre o programa "imanentista" e a prática do diálogo, entre a preocupação com a verdade e a preocupação com o conhecimento. Eu teria apreciado se ela tivesse se comprometido mais intensamente com o segundo percurso; mas confesso que sou igualmente sensível a esse espírito que se quer menos audacioso e que o leva a escrever: "Não acredito que devemos, em nossos escritos, colocar, preto no branco, todos os nossos postulados".[23]

Cordialmente, Tzvetan

Caro Tzvetan,

Nada me agrada mais, como a outros autores, imagino, do que ser considerado pelos críticos – a não ser, talvez, a possibilidade de dizer o quanto esses críticos deixaram de fazer justiça a meus méritos. Você, é claro, o faz, e faz ainda mais: sua apresentação de meu trabalho não apenas me parece correta no que diz respeito ao conteúdo; ela constitui também uma síntese conceitual muito perspicaz, que ordena os diferentes aspectos daquilo que tentei realizar enquanto crítico. Entretanto, restam algumas coisas que poderiam ser acrescentadas.

Seu rótulo foi, para mim, quase um choque: eu seria simplesmente um "crítico realista"? Na verdade, na imprensa, já me

---

22 Id., Serious reflections on *The rise of the novel*, *Novel*, p.214.
23 Id., The realities of realism, p.27.

179

consideraram "realista sociológico" e minha reação a isso, como eu disse na palestra que você menciona, se resumiu a um bocejo seguido da apelação ao *nolo contendere*.[24] Entre parênteses, essa conversa permanece inédita porque as circunstâncias tinham me obrigado a assumir, ali, uma posição crítica geral, e, na verdade, eu não queria realmente fazê-lo. Em todo o caso, seu título completo era, traduzido literalmente: "pés chatos e coberto de ovos de moscas: as realidades do realismo"; as duas expressões através das quais se iniciava deviam indicar, ironicamente, que eu estava consciente do caráter prosaico e ultrapassado de minha posição crítica.

Em que sentido minha "posição crítica" é "realista"?

A meu ver, o estudo da relação entre o mundo real e a obra literária não é a única tarefa apropriada da crítica literária; de modo que eu não gostaria de ser colocado sob a rubrica "crítica mimética" como o foi, por alguns, Auerbach. Não quero dizer, bem entendido, que o estudo dos modos de representação literária não seja útil: o próprio exemplo de Auerbach demonstra o contrário, de maneira esplêndida (sem por isso esgotar-se). E, naturalmente, também não aceito a posição absolutamente inversa: o postulado segundo o qual a relação entre a obra literária e o mundo estaria completamente desprovida de interesse, com essa justificativa teórica de que o mundo é uma entidade inteiramente heterogênea, enquanto a literatura não o é. Estou de acordo quanto a dizer que a relação entre o mundo, por um lado, e a obra literária ou sua linguagem, por outro, não pode ser analisada ou descrita de maneira exaustiva. Com algum pesar, aceito também a ideia de que, se quisermos encontrar um sistema crítico científico, pode ser preferível, por razões de método, ignorar a relação

---

24 Não vou contestar. (N. E.)

Crítica da crítica

entre a obra e o mundo. Mas não posso aceitar a afirmação de que não há nenhuma relação entre a obra e o mundo, ou entre a obra e as palavras por nós usadas para descrevê-lo; ao contrário, creio que uma grande parte da melhor crítica literária volta-se precisamente para essa relação.

Evidentemente, reconheço que essa posição cria algumas dificuldades metodológicas, que, provavelmente, são insuperáveis em certos domínios dos estudos literários. Mas de qualquer maneira limito-me, pessoalmente, aos outros domínios; e não me sinto absolutamente desestabilizado, no que diz respeito aos últimos, em todo caso, pela longa tradição de filosofia ocidental que vai ao encontro da imagem que o senso comum tem da realidade. Por quais razões? Muito simplesmente porque a crítica literária é, no fundo, uma atividade antes social do que filosófica e que, nesse domínio, o ceticismo epistemológico não precisa ser aceito, nem mesmo levado em consideração. O que procuro fazer é, de modo bastante amplo, e para utilizar a expressão de I. A. Richards, uma "crítica prática".

Não posso, portanto, queixar-me do termo "realista"; mas gostaria de sugerir que a ele fossem acrescentados os adjetivos "histórico" e "sociológico". Ao descrever a maneira como a crítica histórica sempre oscila entre duas inquietações, a da verdade de "apresentação" e a da sabedoria de julgamento, você reconhece a tendência histórica de meu trabalho. Você diz, e suponho, com razão, que teria gostado de me ver, com maior frequência, do lado "sabedoria" nesta dicotomia, o que designei, em *A ascensão do romance*, "realismo de julgamento".[25] Havia, entretanto, uma dificuldade real. A tese fundamental do livro repousava sobre a grande seriedade – para não dizer, a grande ingenuidade – com

---

25 Watt, *The rise of the novel*, p.12.

a qual Defoe e também Richardson tratam o que designei "realismo de apresentação"; isto explica o que é historicamente novo (no sentido de "sem precedente cronológico") no "nascimento do romance". Sob esse ponto de vista, em todos os casos, o "realismo de julgamento" era, no final das contas, um traço da narrativa que o romance, na medida em que ele o possuía, partilhava com narrativas anteriores e com outros gêneros literários. É claro, precisei introduzir o próprio conceito quando cheguei em Fielding; mas a análise que dele eu fazia era, ou devia ser, manifestamente incompleta. Entretanto, eu não tinha nenhuma intenção de subestimar a importância do "realismo de julgamento": provam-no dois dos dez capítulos do livro, aqueles sobre *Moll Flanders* e *Clarissa*. Mais do que históricos e sociológicos, eles são críticos e eu creio que o estilo indica claramente que ali eu fornecia meu "julgamento" pessoal sobre essas duas obras; ou, em todo caso, eu estava visivelmente livre para praticar análises e formular julgamentos sobre o valor moral das ações, dos personagens, ou dos comentários do autor. Entre parênteses, suspeito que uma das razões pelas quais numerosos leitores não se deram conta do quanto estou envolvido com julgamentos éticos e sociais é o que você designa (de modo original e, acredito, correto) minha *língua franca* pessoal, que age como mediadora entre a linguagem "ideológica" e a linguagem "literária".

Abordei diretamente as questões que lhe interessam em dois breves textos dos quais você não lançou mão, "Literature and society" [Literatura e sociedade] e "On not attempting to be a piano" [Tentando não ser um piano]; e eu prometo retomar aqui algumas ideias neles expressas. Se pensarmos nos valores sociais e morais da literatura, das grandes obras, em particular, constatamos o seguinte: as obras de Sófocles e Shakespeare, Goethe e

Crítica da crítica

Tolstói são fundamentalmente didáticas, mas somente no sentido em que nossa consciência social e moral tornou-se mais aguda por participar de modo imaginativo das obras dos autores absolutamente sensíveis às realidades da experiência humana. Ora, essas realidades sempre tiveram um aspecto social muito forte.

Sob esse ponto de vista, a oposição literária entre a insistência dos realistas e dos naturalistas sobre a descrição literal do mundo social real, de um lado, e a afirmação, pelos parnasianos e simbolistas, da autonomia artística das criações do espírito, de outro, surge como nada menos do que absoluta. Pois, mesmo havendo uma divergência secular entre aqueles que veem o homem como um ser essencialmente social e aqueles que insistem sobre sua singularidade individual, a força da contradição tende a se atenuar a partir do momento em que o escritor aproxima sua pena do papel: conforme afirmou W. B. Yeats, "a arte é o ato social de um homem solitário".

Há um elemento da crítica que não é nem realista, nem mesmo social, mas que é, entretanto, a seu modo, moral. A literatura é uma espécie de ato social muito particular, o que nos faz recordar que a expressão "literatura e sociedade" pode ser desconcertante por sugerir uma distinção mais absoluta do que aquela que existe na realidade. Talvez isso ocorra apenas pela seguinte razão: em um sentido perfeitamente válido, a literatura é sua própria sociedade; ela é o meio mais sutil e mais duradouro que o homem encontrou para se comunicar com seus semelhantes; uma de suas funções, e a não menos importante, é a de oferecer àqueles que aprenderam sua língua algo que nenhuma outra sociedade jamais pôde lhes oferecer. Em um nível de abstração mais elevado, portanto, admito que a literatura deva ser considerada, pelo menos em parte, como uma atividade autônoma, em vez de ser reduzida

183

a categorias miméticas, referenciais, históricas ou sociais; mas, mesmo nesse caso, ela permanece estética e moral.

De fato, a tradição moral, em geral, está firmada, já faz muito tempo, na crítica inglesa de Matthew Arnold a F. R. Leavis. Recordo-me de ter precisado desenvolver, por ocasião de meu exame final para a licenciatura, em Cambridge, o tema "Os moralistas ingleses". Isso cheira a mofo e parece provinciano, mas, de fato, a bibliografia começava com Platão e Aristóteles, e terminava por uma ampla escolha de filósofos, de romancistas e de poetas modernos, tanto ingleses quanto europeus. É característica de vários críticos ingleses, inclusive minha, abordar as obras literárias sob uma perspectiva deliberadamente – ainda que não exclusivamente – ética; um de meus amigos americanos alegava que meu *Conrad* não era senão "ainda Watt sobre a vida". Não protesto particularmente contra essa apreciação irônica: de fato, ela se aplica bastante bem à nossa profissão de professores. O que nos demanda grande número de nossos melhores estudantes é, realmente, um sistema de absoluto de verdades; e a maior parte das variantes mais influentes de nossa crítica, desde o formalismo até o estruturalismo e a semiótica, tem em comum o postulado de que é nosso dever extrair, a partir das características contingentes e singulares da obra literária, uma espécie de esquema universal imutável. Mas, certamente, não precisamos de Blake ou de Arnold para nos ensinar que a literatura encontra sua força específica em seu caráter concreto. Que o espírito, os sentidos, os sentimentos do indivíduo afrontam não o modelo universal trazido pelo professor ou pelo estudante, mas a resistência obstinada das particularidades do outro – ou, para utilizar a expressão de Matthew Arnold, dos "não nós"– coloca à prova a imaginação; e é neste sentido, principalmente, que a leitura das obras literárias

Crítica da crítica

tem um valor educativo. Como afirmou Coleridge em sua décima primeira conferência sobre Shakespeare, "a imaginação é o traço distintivo do homem enquanto ser em desenvolvimento".

A propósito, meu interesse pelos valores sociais e morais não tinha relação com a presença ou com a ausência de um projeto didático no autor. A espécie de imaginação que Coleridge devia ter em vista era, como ele escrevia, aquela que tinha como efeito "trazer o espírito para fora do ser". Tal era, segundo Coleridge, a principal função educativa da literatura; e eu posso apenas manifestar minha concordância com ele. As aulas nas faculdades de letras deveriam ser voltadas à leitura – à verdadeira leitura – da literatura que realmente é literatura; e à escrita sobre a literatura, uma escrita que, a seu modesto modo, procura ser literatura, ou, em todo caso, que procura não desconsiderá-las. Um tal programa, simples, pouco ambicioso e mesmo fora de moda, me parece ser o resultado natural dos imperativos de nosso tema e das razões pelas quais nós lhe somos dedicados. Uma das razões dessa dedicação foi sugerida há cem anos por Turguêniev, em um breve poema em prosa no qual ele exprime seus sentimentos pessoais a respeito de sua própria língua; as crianças russas ainda hoje, acredito, decoram esse poema. Turguêniev evoca a grandeza, o poder, a verdade e a liberdade de sua língua, e, em seguida, acrescenta: "Sem você, como poderíamos não nos desesperar diante de tudo o que se passa ao nosso redor? Mas é impossível acreditar que uma tal língua não tenha sido oferecida a um grande povo".

Duas coisas ainda. Você cita essa frase: "Não acredito que devemos, em nossos escritos, colocar, preto no branco, todos os nossos postulados". Essa reticência em exprimir minhas premissas decorre, em parte, de meu empirismo, ou de meu ceticismo geral diante dos métodos filosóficos; e, em parte, da ideia que eu tenho a respeito da função da crítica. Esta deve permanecer relativamente humilde: Sartre dizia que *O estrangeiro* era uma tradução a partir do silêncio original; eu ousaria acrescentar que a boa crítica é apenas uma paráfrase daquilo que outros já traduziram — mas uma paráfrase que é, ao mesmo tempo, um esclarecimento, uma resposta e, sem jogar com as palavras, uma responsabilidade moral assumida. Ela deve ser humilde, igualmente, na escolha dos temas que ela se permite abordar. Essa reticência crítica talvez não seja senão o reflexo da ideia que os ingleses têm a respeito das boas maneiras no domínio da palavra pública; mas há vantagens incontestáveis, por exemplo, em não falar diretamente da verdade ou do valor de uma obra literária; uma dentre elas é que sobra mais espaço para o próprio leitor efetuar sua leitura. Acredito que posso apenas me manifestar sobre os valores literários como tais se eu estabelecer uma comunidade de crenças com meu leitor.

Não afirmo isso para negar sua constatação segundo a qual minha ideia da crítica seria por demais "autossuficiente"; certamente tenho a tendência de circunscrever o local do encontro com meu leitor de modo mais estrito do que muitos outros críticos. Isto é, em parte, o efeito de meu desejo de reduzir a matéria teórica ao mínimo; e, se me permite uma nota pessoal, o resultado paradoxal dessa escolha é que, mesmo sendo bastante conhecido por numerosos leitores de crítica, não sou nem sequer considerado um crítico por todos os meus colegas. Um especialista em Conrad, Andrzej Busza, ficou perplexo diante desse fato e me perguntou, uma vez, sobre a antipatia que suscitava meu "método" entre outros críticos. Respondi: "O bom senso jamais fez escola".

Poderia esclarecer minha posição por meio de um exemplo. Há alguns anos precisei encarar sérias objeções por parte de meu editor americano: ele não queria publicar meu manuscrito sobre Conrad. Eu lhe escrevi uma carta, da qual incluo um trecho, que contribuiu para modificar sua decisão: "O comitê de leitura me pede para justificar plenamente meu trabalho crítico sobre Conrad. Eu poderia, sem muitas dificuldades, acrescentar um apêndice a meu prefácio (encontramos exemplos desse procedimento na maioria das teses de estudantes). Mas este teria sido, necessariamente, abstrato e simplista e sugerido que tenho a mim mesmo em alta estima; por esta razão, ele teria afastado o título da esfera literária particular à qual eu o destino. Se tivesse iniciado o livro por uma tal declaração, eu teria imediatamente entediado, ofendido ou desencorajado grande número de meus leitores, pois eu pareceria dizer: 'Esta é minha posição a respeito dos diversos princípios que nós, críticos, debatemos faz séculos. Prestem muita atenção, pois é o preço que vocês precisam pagar para serem admitidos neste livro'. Mas, de fato, não penso que seja este o caso e não creio que alguém tenha o direito de enunciar um princípio geral segundo o qual todo livro de crítica deva conter (como me pedia a carta de meu editor) 'uma franca declaração ou uma explicação das razões de ser de seu método crítico'. Estou, antes, do lado de Samuel Johnson, que rejeitava 'a hipocrisia daqueles que julgam mais segundo princípios do que segundo a percepção.'".

Sempre achei minha atitude com relação à literatura e ao contexto institucional com o qual ela coexiste bem mais simples, bem mais intuitiva e bem menos suscetível de discussão ou de formulação teórica do que a da maioria de meus colegas. Se procuro uma imagem que permite ultrapassar a separação entre o privado e o público, devo voltar mais de três décadas atrás, à margem esquerda do rio Sena, onde me encontrava, em

Tzvetan Todorov

1946, após uma ausência de sete anos passados no exército. Nas conversas que então eu ouvia, quatro palavras novas chamaram minha atenção. Logo me cansei das três primeiras: *engajado*; *autêntico*; *absurdo*; mas a quarta, *as coisas*, parecia um pouco menos coberta de ovos de moscas. Pus-me a ler, com enorme interesse, os poemas em prosa de Francis Ponge em *O partido das coisas*, que eram justamente sobre "as coisas". Lembro, mais particularmente, de um artigo de jornal a propósito de uma fala de Ponge intitulada *Tentative orale* (1947). Essa "tentativa" evocava igualmente sua desaprovação às hipérboles correntes em relação à literatura, seu desgosto diante das propostas teóricas gerais; ele dizia também, como em seus próprios escritos, achando-se na impossibilidade de traduzir em palavras os grandes temas literários, ter-se decidido, em vez disso, tal como um homem à beira de um precipício, a fixar seu olhar sobre o objeto próximo, a árvore, a balaustrada, o passo seguinte, e a procurar colocá-lo em palavras. Foi uma anticonferência maravilhosa, particularmente seu final. "E não tivemos uma conferência?", ele pergunta. "É bastante possível. Mas por qual razão ter convidado a proferi-la alguém que comumente designamos poeta?" E, então, ele concluiu: "Querida mesa, adeus!". Depois disso, Ponge inclinou-se sobre sua mesa e a beijou; em seguida, explicou: "Vejam, se eu a amo, é porque nada nela permite acreditar que ela seja tomada por um piano".

Eu seria feliz se minha atividade de crítico e de professor fosse tão simples e, ao mesmo tempo, tão completa quanto o gesto de Ponge. Ele deveria compreender os mesmos quatro fatores necessários: um reconhecimento intelectual daquilo que observo modesta mas indiretamente; uma apreciação estética do objeto de minha atenção por aquilo que, verdadeiramente, ele é; um engajamento direto de meus sentimentos com relação a esse objeto; e,

Crítica da crítica

finalmente, talvez como de passagem, uma tentativa de exprimir em palavras essas três primeiras coisas. O projeto coletivo dos estudantes e dos professores em um departamento de literatura deveria, penso, levar em consideração esses quatro fatores. Sua razão suficiente de ser seria simplesmente que, como diz Ponge em "Notes pour un coquillage" [Notas para uma conchinha], a palavra e os monumentos criados por seu intermédio são as coisas mais bem adaptadas ao molusco humano e lhe permitem experimentar e exprimir sua fraternidade com os objetos de seu mundo.

Ao que apenas devo acrescentar que eu nunca quis ser um piano.

Cordialmente, Ian

A literatura como fato e valor
(Conversa com Paul Bénichou)

"Deparei-me" com a obra de Bénichou quando trabalhava com a história das ideologias na França: as interpretações por ele realizadas sobre os autores que eu lia, La Rochefoucauld, Rousseau, Constant, sempre me pareceram particularmente judiciosas. Conheci, então, suas grandes obras *Morales du grand siècle* [Moral do grande século], *Le Sacre de l'écrivain* [O rito do escritor], *Le Temps de prophètes* [Os profetas do tempo], e me dei conta de que a vida literária e intelectual francesa entre o século XVII e o século XIX dispunha, em sua pessoa, de um historiador de qualidade pouco comum, cujos trabalhos mereceriam ser conhecidos não somente como uma introdução insubstituível para o assunto, mas também como análises históricas exemplares. Atraía-me também que qualquer preocupação com "pureza" lhe era estranha (nenhuma tentação, em sua obra, de reduzir a literatura à "poesia pura"): nessa obra crítica, a literatura era apenas o centro de um domínio mais vasto formado pela palavra pública.

Tzvetan Todorov

A que devíamos atribuir essa correção interpretativa? A informação em Bénichou, evidentemente, é abundante e confiável; ele não se contentou com as grandes obras, leu também as outras, bem como os jornais da época; mas isto, é claro, não basta; seria supérfluo evocar essa condição preliminar se não tivéssemos a tendência de esquecer algumas coisas. Pareceu-me que o "segredo" de Bénichou residia além: em uma preocupação com a verdade que anima suas análises. A verdade – não mais apenas no sentido de informação exata, mas como horizonte de uma busca comum ao escritor e ao crítico. O melhor meio de descobrir a "intenção" do escritor é aceitar esse papel de interlocutor (e não limitar-se à fiel reconstituição – que, por isso mesmo, deixa de ser fiel), de pronunciar-se, portanto, a respeito da eventual correção dos propósitos apresentados pelo escritor; e, a partir daí, convidar o leitor a engajar-se, por sua vez, na busca da verdade, em lugar de lhe apresentar algo bem acabado, visando provocar o silêncio admirativo.

Para completar, devo esclarecer que, se a obra de Bénichou me parece em muitos aspectos exemplar, ela também suscita, a meu ver, algumas reservas, entre as quais a maior e a única a colocar uma questão de princípio deve-se à pouca atenção que ele confere à estrutura das próprias obras, a suas modalidades retóricas, narrativas, genéricas (mas ele me respondeu, no decorrer de nossa conversa, como aliás eu esperava, que não se tratava, de fato, de uma questão de princípio, mas de uma tendência e de uma escolha pessoal sobre as quais não convinha discutir).

As ideias gerais de Bénichou sobre literatura e crítica não ocupam muito espaço em uma grande obra de aproximadamente seis volumes. Esta é a razão pela qual julguei necessário analisar seu percurso tanto através de suas declarações de princípio quanto de seus estudos concretos. No entanto, surgiu uma dúvida no tocante à forma dessa análise. Ao falar da crítica, e de sua própria crítica, Bénichou diz: "Se ouso mostrar nas obras aquilo que os autores talvez não discerniram bem, é com a esperança de que eles aceitariam descobri-lo, se estivessem presentes".[1] Decidi seguir seu preceito e submeter-lhe minha interpretação de seu pensamento para que ele pudesse expressar seu acordo ou seu desacordo e responder às questões que essa leitura despertou em mim. Com muita frequência, o autor com o qual o crítico trabalha é, há muito, inacessível a esse tipo de demanda; tive a oportunidade de viver no mesmo tempo e no mesmo espaço de meu autor.

Nós nos conhecemos em uma fria manhã de inverno, no Quartier Latin. Paul Bénichou aceitou a ideia da conversa; elaboramos juntos, e sem pretender atenuar nossas diferenças, o texto que segue. Uma certa ideia sobre a crítica é, portanto, apenas aquilo de que ele trata, mas também é o que ele ilustra.

A LITERATURA

Definição

TZVETAN TODOROV: *Para definir o objeto de seu trabalho, você rejeitou as duas definições mais influentes da literatura: a "clássica", a de Aristóteles, mais exatamente, segundo a qual a poesia é uma representação por meio da linguagem, enquanto a pintura é uma representação por meio*

---

1 Bénichou, *L'Écrivain et ses travaux*, p.XIV.

da imagem etc.; e a "romântica", segundo a qual a poesia é o uso intransitivo da linguagem, uma arte da linguagem. Você partiu de outra concepção da literatura, bem mais ampla, na qual nada a separa bruscamente de "tudo o que é escrito para o público".[2] O que inicialmente surpreende em sua abordagem é que ela parte do uso do produto (um diário íntimo, dizia Tynianov, em certas épocas concerne à literatura e, em outras, não) e não de sua natureza. (Mas não existe nenhuma afinidade eletiva entre função e estrutura?) O resultado é: em seus livros, você tratou tanto de Mallarmé quanto de poesia popular, tanto de Corneille quanto de Pascal.

O que você reprova nas definições anteriores da literatura é que elas a reduzem a uma arte, isto é, a um objeto de pura contemplação estética. "A literatura [...] não poderia ser explicada como simples 'maneiras de dizer'",[3] "as ficções literárias [estão] longe de ser simples divertimento da vida civilizada".[4] (Mas será de arte que se trata aqui, ou apenas da concepção romântica da arte? Neste sentido restrito da palavra, a pintura seria apenas arte?) A literatura é arte, mas ela é também outra coisa através da qual ela se assemelha não com a música ou com a dança, mas com o discurso da história, da política ou da filosofia. Ela "engaja [...] sentimento e representação",[5] ela é uma maneira "de pronunciar-se sobre o mundo e sobre a condição humana";[6] "um escritor habitualmente propaga valores".[7] A literatura é um meio de posicionar-se com relação aos valores da sociedade; digamos, em uma palavra, que ela é ideologia. *Toda literatura sempre foi os dois, arte e ideologia, e procuraríamos em vão substâncias puras: tal é, por exemplo, a lição do romantismo. "Os autores de sistemas são [...]*

---

2 Id., *L'Écrivain et ses travaux*, p.X.

3 Id., *Morales du grand siècle*, p.273.

4 Id., *L'Écrivain et ses travaux*, p.X.

5 Id., *Morales du grand siècle*, p.273.

6 Id., *L'Écrivain et ses travaux*, p.X.

7 Ibid., p.XV.

irmãos dos poetas. Não podemos ignorar essa fraternidade, ainda menos deplorá-la, imaginando um romantismo puro que teria poupado à arte um amálgama adúltero com a ideologia: isto não seria mais romantismo, mas algo diferente, que não vemos em lugar nenhum".[8]

Supondo que seja assim, não poderíamos definir literatura como a intersecção do discurso público (e, portanto, ideológico) e da arte, ainda que seja necessário ampliar o significado da própria palavra "arte"?

PAUL BÉNICHOU: Gostaria apenas de fazer algumas observações a respeito dessa questão de definição. De modo geral e particularmente em meus estudos, não sou muito adepto das definições. Definir a própria literatura, principalmente, me parece muito difícil. Qualquer definição, neste caso, corre o risco de estar aquém ou além de seu objeto. Aquela citada por você inicialmente, e que designa literatura "tudo o que se escreve para o público", é exagerada; ela apenas tem o mérito de chamar a atenção para a impossibilidade de uma definição de contornos precisos. Aquela que você apresenta depois, e que faz da literatura uma "arte da linguagem", evoca apenas um aspecto muito restrito do objeto definido. Podemos apresentar a mesma restrição, em escala menor, àquela finalmente proposta por você: coincidência entre o discurso ideológico e a arte; por não oferecer a mínima ideia, por exemplo, do que poderia ser uma peça de teatro ou um poema, ela é, diríamos, fantasmática. Entretanto, ela tem a vantagem de apresentar duas das realidades que estão quase necessariamente presentes em qualquer obra literária, sob a condição de privar a noção de *ideologia* de qualquer nuance pejorativa. É importante ressaltá-

---

8 Bénichou, *Le Temps des prophètes*, p.566.

-lo, porque essa nuance foi associada à palavra *ideologia* em sua origem: "pensamento vazio e nocivo", na linguagem da contrarrevolução; depois, na linguagem marxista, "pensamento escravo dos interesses materiais sob uma falsa aparência de autonomia". Pelo contrário, a "ideologia", enquanto atividade do pensamento capaz de estabelecer valores, deve ser considerada, na plenitude de sua função, como uma das faculdades fundamentais da humanidade.

Arte e ideologia

T. T.: *Se aceitarmos (ainda que para uma primeira aproximação apenas) tal definição da literatura, podemos esperar que os aspectos "ideológico" e "artístico" da obra sejam tratados de forma equilibrada. Entretanto, esse não é o caso, pois, em seus livros (como reação a uma situação anterior?), "a literatura é considerada, principalmente, portadora de ideias",[9] e você diz interessar-se apenas pelas "ideias veiculadas pela literatura".[10] De fato, ao analisar,* em Morales du grand siècle, *por exemplo, a ideologia de um* Corneille, *você a retira, inteiramente, da intriga das peças, dos personagens e de suas declarações, sem nunca fazer a menor observação sobre o gênero, a composição, o estilo, a métrica etc. Esses componentes da obra seriam acidentais e arbitrários? Ou então, obedecendo a uma organização que lhes é própria, eles escapariam à empreitada ideológica? Você também nunca analisa uma obra literária em sua totalidade: esse nível de estruturação, a meio caminho entre o elemento isolado (uma réplica, um episódio, um tema) e o universo global de um escritor não é pertinente para a identificação de seu pensamento?*

É verdade que você traz algumas precisões sobre a natureza das "ideias" que se tornam mais do que puras ideias. O que lhe interessa, de fato, não

---

9 Id., *Le Sacre de l'écrivain*, p.18.
10 Ibid., p.466.

Crítica da crítica

é a ideia tal como a podemos encontrar em certas obras teóricas, mas esta mesma ideia comprometida, se possível, com uma existência individual, com algumas formas particulares, com apego a certos valores. Esta era a posição expressa e ilustrada em Morales du grand siècle: *"o verdadeiro significado de um pensamento reside na intenção humana que o inspira, no comportamento ao qual ele conduz, na natureza dos valores por ele preconizados ou condenados, muito mais do que em seu enunciado especulativo. [...] Para dar um sentido ao debate e alguma capacidade humana aos pensamentos que contra ele se chocam, é preciso procurar o interesse profundo, a* paixão *que realmente o dominou".[11]*

Entretanto, ao analisar um autor como Mallarmé, você parece adotar uma atitude diferente. Neste caso, você estabelece a dependência entre técnica poética e pensamento, entre "forma" e "conteúdo": "Não há solução de continuidade entre o 'debate de gramáticos', que suscita a sintaxe de Mallarmé, conforme ele mesmo diz, e a meditação à qual convida, cada vez mais e secretamente, o 'reflexo invertido', que Mallarmé reconhece 'pouco separável da superfície concedida à rotina'".[12] Você retomará a mesma postura em estudo mais recente,[13] onde buscará "as motivações profundas da obscuridade mallarmeana"[14] e, após ter detalhado a construção de um poema, concluirá: "A estranha estrutura do soneto confirma, de certa maneira, a metafísica que nele é proclamada. [...] Resumindo, a própria técnica de Mallarmé coloca aqui em forma sua negação da alma".[15]

Essa diferença de abordagem é voluntária?

---

11 Bénichou, *Morales du grand siècle*, p.124-5.

12 Id., *L'Écrivain et ses travaux*, p.76.

13 Id., Poétique et métaphysique dans trois sonnets de Mallarmé. In: Marion (org.), *La Passion de la raison*, 1983.

14 Ibid., p.415.

15 Ibid., p.414.

P. B.: Não acredito ter pensado alguma vez que, na literatura, a ideologia merecesse maior atenção que a arte. Na própria passagem que você cita, digo: "[a perspectiva] na qual *me encontro*, parece remeter principalmente às ideias veiculadas pela literatura". As palavras que destaco davam a entender que não definia uma crítica ideal, mas uma escolha pessoal. Em seguida, desenvolvia longamente a ideia de uma conjunção necessária, na literatura, entre as ideias e as formas sensíveis. O fato de ter-me dedicado principalmente ao que designamos "história das ideias" testemunha apenas minha disposição de espírito e as preferências de minha curiosidade, só isso. Aliás, parece-me que a expressão "história das ideias" exprime mal o que tentei fazer: pois as ideias, que são abstratas por definição, deixam de sê-lo ao se encarnarem em uma literatura e se apresentarem com um corpo.

É verdade que eu seria levado a crer, de modo geral, em uma primazia relativa do pensamento sobre as formas, na medida em que os materiais sensíveis da obra são desencadeados, na maioria das vezes, parece-me, por uma intenção ideológica mais ou menos clara. Mas não excluo, de maneira nenhuma, a possibilidade de ocorrer o contrário. Esse debate não é fundamental, remetendo apenas a uma proporção de influência, que tem poucas possibilidades de ser fixa, entre dois fatores igualmente necessários.

Você afirma que nunca analiso a organização de uma obra considerada em si mesma. No entanto, fiz isso, por exemplo, com a *Fedra* de Racine (em minha antologia *L'Écrivain et ses travaux*). É verdade que levei em consideração os personagens dessa tragédia no contexto geral, folclórico e literário, das versões anteriores da fábula que constitui seu tema. Mas essa busca preliminar tinha me parecido indispensável para esclarecer a produção e a constituição da *Fedra* raciniana, na qual queria apontar a estreita solidariedade de uma visão do mundo com a organização dos materiais formais. Fui ainda além em outro caso, o de *Rodogune* de Corneille. Tentei mostrar como um projeto de cenário, adotado pelo autor desta tragédia com intenção de proeza formal e de paradoxo, tinha orientado em um sentido original a concepção dos caracteres e o próprio significado do drama. Esse estudo, objeto de uma conferência na École Normale em 1967, permaneceu inédito até hoje e você não poderia tê-lo levado em consideração. Infelizmente, não tive a possibilidade de me dedicar mais a estudos deste tipo.

No que diz respeito aos poetas, a questão não é diferente para mim. Quanto aos românticos, muitas vezes considerei o pensamento que aparece no conjunto de sua obra, mais do que a composição de um ou outro de seus poemas; e estou preparando, agora, um conjunto de estudos desse tipo. Entretanto, não há pensamento poético, por mais generalizante que seja, que não esteja associado a realidades formais. Tratando-se do estudo de um poema em particular, não podemos deixar de considerar sua organização verbal. Isto é verdadeiro para qualquer poeta, e Mallarmé não é uma exceção; mas, tendo feito de sua técnica uma tela entre os sentidos de seus poemas e o leitor, ele obriga, mais imperiosamente do que outros, a penetrar esta técnica — vocabulário, sintaxe, metáforas, arranjados de maneira voluntariamente atípica e demandando análise. Durante toda a minha vida fiz, aqui e ali, em artigos e com meus alunos, estudos de poemas, de tragédias, de romances. Mas preferi escrever livros sobre escritores, ou grupos de escritores, estudados no conjunto de suas obras. Tal escolha permite apenas, no plano dos procedimentos técnicos e das formas, observações gerais que julgo não ter negligenciado quando elas não me pareciam evidentes.

Ainda uma palavra. Dediquei muito tempo ao estudo de poesia oral (tradicional ou "folclórica") francesa e espanhola e, neste domínio, afirmo — com ou sem razão — que a ideologia é de pouco interesse. Essa poesia (romanceiro hispânico, canção francesa de tradição oral) transmite, da Idade Média a nossos dias, noções e tipos que gozaram de uma importância contínua; as variações a que, no decorrer dos séculos, ela foi levada pela evolução histórico-social são evidentes demais e não surpreendem; elas são poucas diante da permanência dos temas tratados, dos esquemas de afabulação e dos julgamentos que acompanham mais ou menos explicitamente as diversas situações de amor, de traição, de adultério, de assassinato, de guerra. Em contrapartida, essa poesia é do maior interesse pelos procedimentos de criação formal aos quais ela nos faz assistir: sob efeito do jogo infinito e renovado das variantes, vemos a ordem da narrativa, a organização dos incidentes, o detalhe dos traços e das expressões modificarem-se, diversificarem-se, às vezes alterando ou arruinando o poema, às vezes nele introduzindo beleza e horizontes poéticos novos. Aprendi, neste estudo, toda a importância literária do material, de sua existência relativamente independente e de sua disposição. E é verdade que essa disposição, em grande parte, organiza-se e se reorganiza sozinha, principalmente na poesia oral, por meio do jogo automático das associações. Entretanto, é preciso convir que a consciência dos transmissores mantém o controle do que acontece fora dela e que se desfaria sem suas intervenções. Não se trata aqui de projeto ideológico original, mas dessa consciência ar-

Crítica da crítica

tesanal que visa, em toda poesia, à pertinência e à beleza e que é também prescrita pelos poetas pensadores da alta literatura.

Determinismo e liberdade

T. T.: *Você realizou uma obra de historiador, o que implica que acredita na existência de uma forte relação entre uma criação literária e seu tempo; você sempre se interessou pela relação entre literatura e sociedade. Mas sua posição a esse respeito me parece bastante complexa e demanda ser apresentada com alguma atenção.*

Começarei isolando, inicialmente, uma posição que designarei "primeira", menos por se achar atestada particularmente em seu primeiro livro do que por formar, por sua simplicidade, um ponto de partida confortável. Essa posição consiste em uma adesão sem reservas à ideia de um determinismo social a propósito das obras literárias. Você escreve, em Morales du grand siècle: *"O pensamento moral, consciente ou confuso, principalmente aquele que se manifesta em obras de tão ampla difusão como as literárias, tem origens naturais, e seu campo de ação tem origem na vida dos homens e em suas relações"; e você define seu projeto da seguinte maneira: "Reconhecer quais formas diversas tomava essa conexão".[16] As próprias metáforas das quais você lança mão aqui são reveladoras: a vida dos homens forma as raízes, suas obras são a consequência; a literatura é como a vestimenta de um corpo que ela esconde e revela, ao mesmo tempo.*

Nesse livro, suas análises obedecem frequentemente a esse princípio. Por exemplo, Montesquieu é descrito como um "intérprete das tradições aristocráticas" e você acrescenta, em nota: "O que se destaca de toda a sua obra, poderíamos quase dizer de cada linha de sua obra";[17] diríamos, aqui, que o

---

16 Bènichou, *Morales du grand siècle*, p.7.
17 Ibid., p.82.

"quase" retoma, in extremis, *o caráter categórico de "toda" e de "cada". Ocorre o mesmo com relação a Racine: "Não poderia absolutamente ser diferente na época em que elas [suas tragédias] surgiram".*[18] *De resto, todo o vocabulário do livro atesta essa adesão à ideia de um determinismo rigoroso, e, portanto, na aparência, de um paralelismo entre literatura e sociedade: a literatura "mergulha" na ideologia social que, por sua vez, a "completa",*[19] *uma "reproduz" a outra,*[20] *ou, então, ela a "encarna";*[21] *uma "evoca" a outra,*[22] *é a "imagem" da outra,*[23] *é a "marca" da outra,*[24] *ela "traduzia" a outra,*[25] *ela a "exprime"* [26] *etc.*

Essa "primeira" posição será, no entanto, modificada pelos diversos "temperamentos" que acabam por fazê-lo assumir uma posição qualitativamente diferente, e que já aparecem, todos, em sua primeira obra.

Em primeiro lugar, a partir de Morales du grand siècle, *você percebe, após ter afirmado a existência de uma relação, que "os exemplos contrários não faltam".*[27] *Estratégias conscientes vêm contradizer nossas expectativas fundamentadas sobre o determinismo social; Corneille sabe praticar "a precaução da dedicatória",*[28] *e o próprio ser humano não é coerente e homogêneo, pois ele obedece a determinismos múltiplos, o que, no final das contas, torna incerto o resultado de cada determinismo particular: "Corneille, bajulador por paixão e por profissão, encontra-se sempre junto a Corneille, inimigo*

---

18 Ibid., p.247.
19 Ibid., p.17.
20 Ibid., p.20.
21 Ibid., p.42.
22 Ibid., p.43.
23 Ibid., p.44.
24 Ibid., p.81-2.
25 Ibid., p.84.
26 Ibid., p.94.
27 Ibid., p.89.
28 Ibid., p.101.

da tirania por inclinação e por eloquência".[29] Você observa também que o determinismo se exerce mais intensamente em certas obras: "A tragédia de Racine é menos representativa, talvez, que a de Corneille, por ser menos espontaneamente, menos diretamente, a expressão de um meio social e de uma tendência moral".[30] Você relata essas exceções e esses graus de "representatividade", substituindo a ideia de condição (favorável) pela de causa. "A atualidade não age sobre as obras literárias pelo detalhe preciso dos acontecimentos, mas pelas condições gerais e pela atmosfera";[31] "ele trabalhava dentro dos limites que seu tempo lhe traçava";[32] "as condições que a tinham tornado possível...".[33]

P. B.: Você tem razão, na medida em que nunca fui determinista no sentido próprio desta palavra, a qual implica um necessário encadeamento de causas e de efeitos e pressupõe a existência de leis. Não considero, aliás, que algumas das disciplinas designadas "ciências humanas" possam estabelecer tais leis. Se, depois de muitos outros, pude constatar uma ação da sociedade sobre a literatura, foi sob a forma de relações causais mais ou menos verossímeis, cujo grau de evidência, no caso particular constituído pelas obras e pelos autores, desafia a estrita demonstração e a medida exata. O determinismo, que é um dos postulados da busca humana no mundo natural, postulado indiscutivelmente fecundo nesse domínio, é aparentemente inaplicável, em seu rigor, ao estudo do homem nessas obras.

---

29 Ibid., p.116.
30 Ibid., p.254.
31 Ibid., p.104.
32 Ibid., p.245.
33 Ibid., p.273.

Meu primeiro livro, que você cita principalmente para confirmar meu "determinismo", foi escrito nos anos que precederam a última guerra e preciso admitir que eu tinha, então, no que diz respeito à relação sociedade-literatura, uma ideia mais ingênua do que em nossos dias; digamos que, naquele momento, eu era mais "marxista" do que agora, ainda que, instintivamente, eu tenha evitado fazer uma profissão de fé expressa neste sentido, em meu livro.

T. T.: *Ao lado dessa determinação da literatura por seu contexto social, um contexto, portanto, ao mesmo tempo sincrônico e heterogêneo, você procurou descrever, em outras obras, uma determinação de tipo diacrônico e homogêneo. Penso aqui, em primeiro lugar, em seus estudos sobre as relações entre a canção popular e suas versões anteriores (que você acaba de recordar). Mas você não se limitou a esse campo tradicionalmente circunscrito; você quis estender os métodos do folclorista à "grande" literatura, "ao conjunto dos temas, motivos, esquemas literários correntes na tradição de cultura à qual pertence o autor",[34] e você ilustrou esse programa com o estudo de alguns temas tradicionais da tragédia. Finalmente, em seu trabalho sobre a história das ideias, realizado, por exemplo, em* Le Temps des prophètes, *você parece adotar uma perspectiva comparável: cada ideia surge como a transformação de outra, formulada anteriormente; mais uma vez, a pressão exercida pela tradição faz concorrência com aquela que produz o contexto social imediato.*

P. B.: Naturalmente, a causalidade social não é a única a agir sobre as criações literárias, incitando-as a responder às necessidades e aos problemas de uma dada época; a literatura não

---

34 Bènichou, *L'Écrivain et ses travaux*, p.167.

Crítica da crítica

existe senão nas formas que têm sua tradição e sua lógica de desenvolvimento relativamente autônomas. Este ponto também me parece evidente. E as ideias, a seu modo, são também formas transmitidas.

T. T.: *Se esses dois primeiros "temperamentos" podem ser percebidos como precisões da hipótese inicial que a tornam mais flexível e mais complexa, sem apesar disso renegá-la, não ocorre o mesmo com outras, que modificam seu próprio conteúdo. Em* Morales du grand siècle, *você constata a impossibilidade de reduzir os valores aos fatos e, portanto, de deduzir o ideal de uma sociedade a partir de sua realidade; ora, é este ideal que encontramos na literatura mais do que a própria sociedade. "A sociedade é o fato do homem real e a literatura o reino do homem ideal, e [...] um não engloba nem poderá jamais englobar o outro".*[35] *Tomamos o caminho errado, nos estudos literários, quando nos interessamos pelo que você designa "a vida dos homens e suas relações", se entendermos por isso uma realidade econômica e social. "A crítica sociológica [...] perde seu tempo ao estimar certa influência das realidades econômicas sobre a literatura. [...] As paixões dos homens que vivem em sociedade e dos grupos que eles compõem fornecem à literatura sua tarefas e seu alimento. [...] É esta psicologia, ao mesmo tempo e irresistivelmente ideologia — quer dizer, constituição dos valores e conjunto de julgamentos —, que engendra os escritores".*[36] *A relação pertinente não se situa, portanto, entre sociedade e literatura, mas entre ideologia social e literatura.*

P. B.: Trata-se aqui de uma evidência formulada com menos frequência, mas que não me parece menor. Se uma sociedade

---

35 Id., *Morales du grand siècle*, p.52.
36 Id., *Le Sacre de l'écrivain*, p.465.

age sobre a literatura, é pela influência que exercem sobre os autores a psicologia coletiva e a ideologia difusa de seus contemporâneos, as "mentalidades", como dizemos em nossos dias; não é diretamente pelas formas da produção e da vida econômica. A literatura cria-se sobre tradições morais, sobre paixões antigas e novas, sobre necessidades e ideais. Se agem sobre as letras, a economia e a técnica não podem fazê-lo senão de modo indireto e mais ou menos distante, agindo sobre o espírito público. Para os estudos literários, esses encadeamentos têm lugar secundário. Procuramos não ignorar o que a história neles descobre e disso tirar vantagem. Mas nosso domínio está, por dizer, em baixa: é o domínio das ideias, dos valores, das formas, das obras.

T. T.: *Mas essa ideologia, como a conhecemos? Lendo os escritos filosóficos, políticos, científicos e (por que não?) literários de uma época. Ainda mais as obras literárias, precisamente, que apresentam, com frequência, a descrição mais rica e nuançada da ideologia; de modo que o ensinamento recebido por meio de outras fontes é, finalmente, menos importante do que o encontrado na própria literatura. "Somos, portanto, obrigados [...] a nos limitar ao que foi escrito e publicado nessa ordem de coisas, isto é, a tomar a própria literatura como testemunha principal das sugestões que ela recebeu do espírito público e a formar nossas intuições de acordo com o maior número possível desses testemunhos. [...] Esses meios colocam a crítica literária em posição de ensinar aos historiadores das sociedades, pelo menos tanto, senão mais, do que ela deles pode receber".[37] A modificação é considerável, pois não se trata mais de colocar em relação de determinação, ainda que nuançada, duas entidades, "ideologia social" (ou "espírito público") e "literatura",*

---

37 Ibid., p.465-6.

Crítica da crítica

mas de analisar apenas uma, a ideologia da literatura; modificação talvez comparável à que ocorre na obra de Dumézil que, se bem o compreendo, deixou de buscar as raízes ou as projeções da ideologia trifuncional nesta ou naquela sociedade e contentou-se em descrever essa ideologia enquanto tal. O que não significa, bem entendido, renunciar ao reconhecimento do aspecto ideológico da literatura.

P. B.: Haveria aqui um verdadeiro círculo vicioso, se eu pudesse imaginar que os escritores são os criadores exclusivos e absolutos dos pensamentos que eles exprimem. De fato vemos, de inúmeras formas, ainda que apenas pela fortuna das obras e pelos testemunhos da crítica, que os pensamentos dos escritores e de seus personagens respondem a maneiras de ver e de sentir contemporâneas. Paralelamente às obras, lemos tratados de moral e de civilidade, cadernos de notas, memórias, correspondências, discursos políticos, crônicas, em uma palavra, obras mais ou menos próximas da literatura, ou estranhas a ela, que, em quantidade considerável, nos informam sobre o modo como se vivia e se pensava em determinada época. Gostaríamos de ser informados, de modo mais amplo e mais completo, sobre o estado de espírito, em tal momento, de cada uma das esferas da sociedade. Mas nós o somos mal. Quis justamente dizer que a documentação que fornecem, neste sentido, as próprias obras literárias é, até prova em contrário, muito mais rica e significativa. Sobre quem ela nos informa? Não apenas sobre os autores. Certamente também sobre seus leitores habituais, sobre seu público. Qual era a extensão desse público com relação ao conjunto da população? É difícil para nós dizê-lo. Supomos que todo aquele que pensava mais ou menos e tinha meios para fazê-lo, através da educação, da condição, do caráter, isto é, uma parte significativa da sociedade, interessava-se pelas letras, e lhes fornecia ou sugeria seus temas, outrora como em nossos dias. Essa perspectiva é bastante insuficiente: ela é proporcional à situação de nossa informação. Quem qualificará socialmente o público do teatro? Quem avaliará, para além dos limites da literatura letrada, a difusão da literatura popular, da literatura oral, dos contos tradicionais, das canções? Os historiadores se interessam cada vez mais por todo esse aspecto do passado; eles realizam estudos precisos, de acordo com seu método e seus próprios meios, sobre o que se pensava e sentia outrora, e podemos apenas testemunhar nossa satisfação a esse respeito, acolhendo com interesse seus resultados.

T. T.: *A crítica mais radical do determinismo social ainda está por vir. Ela parte não mais de uma carência de fato (as dificuldades empíricas para estabelecer a relação), mas de um desacordo de princípio; você agora encontra objeções que podemos opor a "todo sistema ou escola que pretende reduzir o pensamento a exigências vitais".*[38] *Também aqui encontramos a afirmação, a partir de* Morales du grand siècle: *"O homem social tem necessidade de agir por motivos maiores que seus interesses particulares. [...] O homem que pensa é capaz de conceber mais justiça, felicidade, verdade, grandeza do que costuma ver".*[39] *Podemos ampliar o horizonte do debate: o ideal é irredutível ao real, os valores não se deduzem dos fatos; falar de determinismo ignorando a liberdade equivale a encorajar a renúncia à liberdade: o enunciado é falso, a enunciação, perigosa (se estiver apoiada sobre um aparelho de Estado forte). "A existência objetiva, considerada única e como única real, justificaria plenamente — como não atentar a isso? — o desprezo*

---

38 Bénichou, *L'Écrivain et ses travaux*, p.50-1.

39 Id., *Morales du grand siècle*, p.364.

Crítica da crítica

de todo direito, a opressão e a crueldade; mais exatamente, não haveria nela como condená-los. Os tiranos, que fingem não conhecer o homem senão sob esse ângulo, como uma máquina manipuladora sem realidade pessoal e sem direitos, o sabem".[40] É o que podemos observar em um caso particular, nos ataques dirigidos contra a ideologia liberal e contra a doutrina dos direitos do homem: "Podemos dizer que, relegando a discussão à ordem econômica, dando a entender que a liberdade sempre foi apenas o direito de enriquecer às custas do outro, amaldiçoando, assim, o indivíduo, garantimos implicitamente uma filosofia ditatorial".[41] Mas esta é também a verdade geral da condição humana: "Por sua natureza, o espírito do homem, em qualquer século, se expande para além da sociedade e da história; ele reencontra a humanidade das épocas precedentes e das futuras e se comunica com elas".[42]

Ora, em cada sociedade existe um grupo de homens que são, de alguma maneira, os profissionais do espírito, cuja produção, consequentemente, não se reduz a um determinismo social qualquer; são os chamados intelectuais. "O homem é feito de modo tal que ele se coloca à distância de si mesmo para conceber seu comportamento em função de valores absolutos: não haveria intelectuais se não fosse assim. [...] Os pensadores, escritores e artistas, são, em algum grau, devido à sua função, os juízes da sociedade ao mesmo tempo que sua base".[43] Portanto, Montesquieu, sendo um verdadeiro escritor, Racine, um verdadeiro artista, não são rigorosamente redutíveis, em sua obra, ao meio do qual procedem. Este não é apenas um estado de fato ocasional, mas um caráter permanente do pensador. "Assim, ouvimos dos intelectuais

---

40 Id., A propos d'ordinateurs. Note sur l'existence subjective, *Commentaire*, n.19, p.456.

41 Id., *Le Temps des prophètes*, p.16.

42 Id., Réflexions sur la critique littéraire. In: Fumaroli (ed.), *Le Statut da la littérature*, p.5.

43 Id., *Le Sacre de l'écrivain*, p.19-20.

*fórmulas universais, distintas dos interesses e das circunstâncias, válidas
para todos e para sempre".[44]*

*Ao final desse percurso, eu diria que sua "nova" posição consiste não
mais em optar entre determinismo e liberdade (a favor do determinismo),
mas em pensar simultaneamente os dois. Tendo sempre realizado uma
obra de historiador, você não hesita em escrever: "Confessarei que considero
evidente a existência de uma natureza humana bastante constante, através
de minha memória de leitor, para que da Bíblia a Montaigne, e da Ilíada
a Baudelaire, seja possível a vasta comunicação que nos orienta e que inclui a todos nós",[45] e a exprimir sua crença no "aperfeiçoamento próprio
à espécie humana",[46] reunindo, assim, as esperanças de um Rousseau
e ao mesmo tempo as de Condorcet e de Constant. A própria literatura é
determinada por esta antinomia: ela "é ao mesmo tempo circunstancial
e exemplar, ou, dito de outro modo, dependente e soberana, como o próprio
espírito humano".[47]*

P. B.: Esse último ponto é o único que é realmente problemáti-
co, por contrariar certo cientificismo. Sim, o objeto de nossos
estudos é mais do que um *objeto* banal; ele vai além da ordem dos
fatos e põe em jogo consciências criadoras e valores, que são o
enredo das obras; seu conhecimento requer meios diferentes daqueles que nos levam ao conhecimento da natureza. Os próprios
historiadores poderiam limitar-se a prestar contas de uma ordem
de coisas e de sua evolução e, onde percebem o surgimento de
valores novos, descrever o acontecimento como biólogos ou
naturalistas? Nada é menos certo e mais difícil de imaginar: ao

---

44 Ibid., p.19.

45 Bénichou, *L'Écrivain et ses travaux*, p.XV.

46 Id., *Morales du grand siècle*, p.367.

47 Id., *Réflexions sur la critique littéraire*. In: Fumaroli (ed.), *Le Statut
da la littérature*, p.5.

descrever o homem, eles estão sempre diante do que, no homem, ultrapassa a natureza bruta, atesta a liberdade de escolher fins e solicita o julgamento subjetivo do narrador. Entretanto, eles precisam principalmente lidar com o volume dos fatos materiais e dos acontecimentos, com as necessidades e os acasos da vida das nações; as responsabilidades do espírito humano não lhes dizem absolutamente respeito. Nós, ao contrário, lidamos quase unicamente com as ideias dos homens sobre o bem, sobre a justiça, sobre a beleza, e a história nos ocupa apenas de modo relativo, historiadores como desejamos e pretendemos ser. Você tem razão de pensar que tomar consciência de tal situação, com as consequências relativas ao nosso procedimento, não se restringe apenas a corrigir uma doutrina de causalidade; isto significa reconhecer que nenhuma outra contextualização causal esgota o sentido de uma obra literária; significa atribuir ao estudo da literatura uma posição, desde o princípio, diferente daquela das ciências da natureza. Disto não resulta, evidentemente, que não existe, nesse estudo, nenhum critério de verdade: pois há, na base de nossas interpretações, muitos fatos a serem recolhidos e informações a serem verificadas, e, em nossas próprias interpretações, muita intuição e muito julgamento a serem considerados, a fim de alcançarmos um nível suficiente de plausibilidade que, em matéria humana, substitui a certeza.

A CRÍTICA

Métodos críticos?

T. T.: *Com relação à crítica contemporânea, você tomou uma posição ela mesma crítica; é a partir desse posicionamento que gostaria de abordar suas ideias relativas a essa questão. A primeira restrição de caráter geral que* você apresenta com relação ao debate crítico contemporâneo é a de que existe uma crença em uma espécie de ficção verbal designada "método". Os críticos "acreditam discutir método", tendem a "batizar qualquer descoberta 'método' novo"[48] quando, na realidade, trata-se de coisa bem diferente. Se decido praticar, na literatura, uma análise sociológica, ou adotar uma abordagem psicanalítica, não disponho de nenhum método particular: escolho, antes, não me interessar senão por uma parte do objeto e, às vezes, adoto um conjunto de hipóteses que dizem respeito a essa parte. Nada disso corresponde ao que deveria ser um método, isto é, "meio de aproximação para uma verdade, no qual não esteja pressuposta a natureza desta verdade".[49]

Se não se tratasse apenas de mau uso da palavra, o mal não seria muito grande. É mais grave, entretanto, que cada um desses "métodos" tem uma ambição totalizante. Os críticos normalmente insistem no que a obra tem de "orgânico", de "encadeado", eles se opõem às separações; gostariam de basear-se apenas sobre "um único olhar" e não ver senão "um único encadeamento"; valorizam o "caráter absoluto" da obra, a "unidade" e a "solidariedade" de seus elementos; aspiram a uma "iluminação total".[50] Ora, tais generalizações são forçosamente incorretas, já que a obra, como toda realidade empírica, não se deixa apreender, de maneira exaustiva, por nenhum ponto de vista inevitavelmente parcial: "Ao pretender uma visão total, estaríamos necessariamente enganados".[51] O fervor metodológico não deve, portanto, nos impedir de admitir, com humildade, que a crítica é, necessariamente, "sempre incompleta" e de procurar um maior equilíbrio entre fidelidade aos fatos e coerência do sistema, entre "a sensibilidade para as obras e a aptidão para raciocinar a respeito delas".[52]

---

48 Id., *L'Écrivain et ses travaux*, p.XII-XIII.

49 Id., Réflexions sur la critique littéraire. In: Fumaroli (ed.), *Le Statut da la littérature*, p.4-5.

50 Id., *L'Écrivain et ses travaux*, p.XII-XIII.

51 Ibid., p.X.

52 Ibid., p.XIII.

Crítica da crítica

P. B.: Sim, acredito que, em nossos dias, abusamos da palavra método, porque ela sugere a ideia de um projeto científico; de fato, nós a empregamos para designar sistemas preconcebidos de interpretação e procedimentos arbitrários que, às vezes, acredito, estão muito distantes do espírito científico.

Nova crítica?

T. T.: *Discordo um pouco no que diz respeito a uma segunda restrição sua. Você pensa que a "nova" crítica nada trouxe de novo, que as ideias e as hipóteses são as mesmas há duzentos anos e, talvez, mais.*[53] *Ficamos surpresos, sem mesmo entrar a fundo na discussão: a crítica fugiria totalmente da determinação histórica e ideológica que tem uma influência tão forte sobre a própria literatura? Supondo ainda que os elementos de cada doutrina tenham permanecido idênticos, sua articulação interna, a hierarquia que eles formam seriam, por esta razão, indiferentes? Não poderíamos, por exemplo, observar na crítica literária uma evolução, paralela à das outras ciências humanas, do interesse pela inscrição histórica de uma obra ao interesse por sua organização interna — evolução que consiste apenas em um deslocamento de ênfase, mas que também se produz, quase simultaneamente, em quase todos os países europeus, e que, por isso mesmo, não estaria desprovida de significação?*

P. B.: Não creio ter realmente dito que a "nova crítica" não tivesse nada de positivo. Na verdade, a discussão sobre esse aspecto é difícil, dada a indeterminação da própria noção de nova crítica. Essa denominação aplica-se, efetivamente, a tendências muito diversas: temática, marxista, psicanalítica, estruturalista, semiótica etc. E não é contestável que a maioria dessas etiquetas ou já eram usadas pelas gerações anteriores, ou têm, sob outras

---

53 Ibid., p.X-XI.

designações, algum germe precursor na crítica tradicional: ela não ignorava, de fato, nem as referências psicológicas ou sociais, nem a importância dos temas, das formas ou das figuras. É verdade que, em cada uma dessas direções, nossa época inaugurou novos procedimentos dos quais seria preciso determinar em cada caso a quantidade, mas que, de uma escola a outra, estão longe de coincidir.

Onde, pois, reside a unidade da nova crítica? A tendência ao sistema e à totalização, que nele observamos, não poderia fundar nenhuma unidade entre as diversas escolas, mas, ao contrário, a diferença e a guerra. E, no entanto, vemos a nova crítica disposta, como a antiga, a associar e a combinar, com frequência, abordagens teóricas em dosagens diversas. O que chama ainda mais a atenção e estabelece um tipo de afinidade entre todas as variedades da nova crítica é, por um lado, a pouca preocupação que elas parecem ter, em algumas de suas interpretações, com a significação manifesta dos textos e, por outro, sua predileção por uma linguagem de especialidade, impenetrável para o leitor comum. Queremos, com isso, imitar o que ocorre nas ciências exatas, cujos resultados modernos situam-se, efetivamente, a uma distância cada vez maior da evidência sensível e se formulam em uma linguagem particular? Mas essas ciências fundamentam seus resultados sobre um encadeamento de experiências difíceis e de deduções abstratas que as afasta do conhecimento e da linguagem comuns e as autoriza a não necessitar da adesão dos profanos. A literatura, ao contrário, fundamenta-se sobre experiências subjetivas amplamente partilhadas; ela faz parte das relações comuns da humanidade, ela implica uma vasta comunicação. Apresentando um estatuto análogo ao das ciências, a crítica literária corre o risco de arruinar sua própria verdade e de perder o contato com seu próprio objeto. Descrevo, evidentemente, deficiências e consequências extremas, às quais não chegaram, naturalmente, os melhores dos "novos críticos". Não podemos dizer o mesmo de grande número dos discípulos e dos imitadores.

Dito isto, é possível, conforme você pensa, que uma tendência geral tenha se tornado conhecida, em nossos dias, por evidenciar a "organização interna das obras", mais do que sua "filiação histórica", e que tal seja o espírito geral da nova crítica. Ainda é preciso observar que a crítica antiga não é essencialmente histórica. Durante séculos, ela ignorou, por assim dizer, a história: e, ainda quando designada história literária, não negligenciou a configuração de uma obra ou de uma página, tomadas em si mesmas: foi o fundador da história literária quem criou, na França, a religião da "explicação de texto".

Críticas externas?

T. T.: *Ocorre também uma terceira restrição de caráter geral, que encontramos, muitas vezes, em diversos críticos da crítica, mas com a qual nos surpreendemos em seus escritos: é a condenação da crítica recente, porque esta introduz conceitos externos ao campo da literatura. Você deplora, assim, "a intrusão, muitas vezes brutal, de disciplinas e de terminologias estrangeiras em um campo de estudos tão difícil quanto o nosso, que desmorona sob elas"[54] você desconfia dos sistemas "inspirados [...] em disciplinas e em hipóteses estrangeiras à literatura".[55] Se tal ataque surpreende em sua obra é porque, anteriormente, você havia afirmado que não existem fronteiras estanques entre a literatura e "tudo o que se escreve para o público" e,*

---

54 Ibid., p.XII-XIII.
55 Bénichou, Réflexions sur la critique littéraire. In: Fumaroli (ed.), *Le Statut da la littérature*, p.4.

devido a isso, vemos mal o que poderia ser "estrangeiro" à literatura. Por outro lado, quando você mesmo faz análise literária, sua conceituação não me parece nem mais, nem menos "estrangeira" à literatura do que a dos outros críticos; em uma página de Morales du grand siècle,[56] *destaco, por exemplo, estes termos: liberdade, servidão, julgamento, livre-arbítrio, vontade, razão, eu. De duas, uma: ou a literatura é compreendida em sentido restrito, e então não podemos dizer realmente que essas noções pertencem a um campo tão delicado; ou então a literatura é compreendida em seu sentido amplo (aquele que você lhe atribui), e essas noções lhe são interiores, como o são também as dos outros críticos.*

P. B.: Creio já ter respondido parcialmente a essa objeção. Aceito que, de certa maneira, um tratado de sociologia, de antropologia, de linguística, integre a literatura, em um sentido amplo. Disto não decorre que os procedimentos bem-sucedidos nessas disciplinas possam ser transferidos, com sucesso, para a crítica literária. A crítica sempre emprega, é verdade, conceitos que ela aplica aos textos, e esse emprego não é exclusivo da crítica moderna; toda crítica qualifica, de acordo com noções caras ao comentarista, as obras que ela comenta. Mas quais? Você destaca em minha obra as noções de liberdade, servidão, vontade, razão, eu etc., e poderia indicar muitas outras. Observe, no entanto, que essas noções são familiares aos próprios autores; elas são, de certa forma, a matéria-prima da literatura, bem como do senso comum. Podemos dizer o mesmo dos conceitos que a linguística ou a psicanálise precisaram introduzir em suas pesquisas? A literatura as desconhece, naturalmente, e o uso literário as acolhe com parcimônia; sua intrusão maciça na crítica tem algo de traumático.

---

56 Id., *Morales du grand siècle*, p.37.

Crítica da crítica

Não que eu faça alguma objeção de princípio aos possíveis intercâmbios entre a crítica literária e as disciplinas próximas. Ao contrário, qualquer nova inspiração na leitura dos textos merece, penso, uma opinião favorável. Mas, finalmente, é preciso julgar toda a empreitada por seus resultados. Ora, os resultados apareceram de forma singularmente desigual: brilhantes e convincentes, às vezes, e, em alguns autores, mas em proporção inquietante, fantásticos ou totalmente negativos. Se assim pensamos, por que não dizê-lo?

A crítica estrutural

T. T.: *Após essas objeções gerais, você dirige também algumas críticas a tendências particulares dos estudos literários contemporâneos, detendo-se sobre a crítica estrutural, psicanalítica e sociológica. A primeira observação que você formula com relação ao "método estruturalista" me parece um contrassenso, pois você o acusa de ser, assim como outras variedades, uma crítica externa, "buscada em uma fonte estrangeira", e, na mesma frase, você o identifica, por uma definição da literatura, como pura "organização de formas ou de signos verbais";[57] definição que podemos criticar, mas não podemos, de modo algum, dizer que ela reduz a literatura a algo que lhe é externo.*

Seu questionamento, entretanto, vai mais adiante. A crítica estrutural, precisamente por ser "interna", quer excluir de seu objeto qualquer consideração sobre a intenção da obra e qualquer relação entre esta obra e os valores sociais; dito de outra forma, ela considera a obra como um objeto, ou ainda "como uma coisa, [e] não quer considerar senão a organização e a disposição dos materiais que a compõem".[58] Ora, se tal exclusão diz respeito à prática do crítico, oferecendo-lhe uma matéria homogênea e facilmente observável, ela traz

---

57 Ibid., p.4.
58 Ibid. p.9.

217

grande desvantagem ao próprio objeto empírico, isto é, à obra, amputando-lhe algumas de suas propriedades essenciais. "Desencantada ou apaixonada, uma obra literária é sempre a mensagem tendenciosa que um sujeito emite para outros sujeitos; ela vive de uma relação de influência e de finalidade, cuja ciência objetiva, tal como ela mesma se define, não tem meios de dominar".[59] Transportada para a escala do conhecimento global do ser humano, "essa redução equivaleria, para apresentar o homem ao olhar do pensador, a excluir dele, concomitantemente, toda subjetividade, a consciência e a vontade, tais como nossa intuição as deu a conhecer":[60] preço, evidentemente, alto demais, que podemos nos recusar a pagar. Mas, assim sendo — e reconhecemos aqui a crítica dirigida por Bakhtin aos Formalistas ou aos estruturalistas —, "toda tentativa de suprimir ou de ignorar o caráter intersubjetivo da mensagem literária corre o risco de ser, em seu princípio, um disparate".[61]

Assim, o que você condena é a filosofia subjacente à crítica estrutural, a ideia do texto autossuficiente. Mas essa condenação me parece aplicar-se menos, ou não do mesmo modo, à prática da crítica estrutural. Pretender estudar a obra como uma combinatória de materiais nada tem em si de censurável, se isto significar que qualquer elemento da obra (qualquer "material") deva, antes de tudo, ser colocado em relação com seus outros elementos, pois apenas no contexto ele encontra seu sentido. A exigência só se torna exorbitante se ela associar-se com a ambição totalizante da qual tratávamos anteriormente. Que as relações estruturais sejam pertinentes é uma coisa; que elas sejam as únicas a sê-lo é outra, porque delas estaria excluída qualquer relação com o contexto sincrônico e, mais do que isso, qualquer relação com os valores humanos universais. Não deveríamos, em

---

59 Ibid., p.20.
60 Ibid., p.9.
61 Ibid., p.20.

vez de excluir qualquer pesquisa sobre a organização da obra, torná-la uma instância necessária, mas não suficiente, da crítica literária?

P. B.: O contrassenso que você desaprova no que se refere à minha apreciação da crítica estrutural não existe. Pois é fato que não cremos ser possível tratar a obra literária como "pura organização de formas ou de signos", senão através de um método efetivamente "buscado em uma fonte estrangeira", na história natural, na linguística, na antropologia: procedimento não repreensível em si, mas que comporta um risco evidente de fracasso. Quanto ao resto, apenas quero repetir o que eu mesmo disse no início dessa troca de propósitos, relativos ao interesse que há em estudar a organização das obras, mas juntamente com seu sentido e com a intenção dos autores.

A crítica do inconsciente

T. T.: *Suas reservas com relação a uma crítica que privilegia o inconsciente em detrimento da consciência explicam-se, em parte, pelo frequente uso tendencioso desse suposto determinismo. O caso mais simples é aquele em que o crítico tenta, como você diz a propósito de Rousseau, sondar os corações para depreciar as doutrinas:[62] a psicanálise literária é, então, apenas uma variante rejuvenescida da crítica biográfica, cuja falha não está em estabelecer certos fatos, mas em lhes atribuir um papel desmedido, em reduzir o valor do pensamento às causas que o fizeram nascer.*

Mas há também outras razões que o fazem resistir a certas formas de crítica fundamentadas sobre o inconsciente, temáticas ou psicanalíticas, as quais pretendem mostrar mais o "impensado" do texto do que o de seu autor. Você

---

62 Bénichou, *L'Écrivain et ses travaux*, p.50.

se explica, em particular, a respeito de Michelet. Identificar certas obsessões, constatar preferências sobre este ou aquele tema, não é, em si, um ato ilegítimo; ele se torna ilegítimo, entretanto, quando desencadeia a eliminação sistemática de toda referência às doutrinas professadas pelo autor, ou quando é acompanhado, ainda, de uma depreciação declarada. A exclusão de qualquer parte da obra do autor já é arbitrária; mas o denegrir do pensamento consciente implica considerarmos negligenciável a liberdade e a vontade do sujeito. "O universo elementar das sensações e dos apelos instintivos"[63] está bastante presente no autor; mas não haveria alguma presunção em querer desmantelar todo o esforço do escritor, que consiste em transformar essas sensações em linguagem e, portanto, em apelo dirigido ao outro? Pensar o impensado de autores como Rousseau e Michelet não acaba significando, não importa o que se diga, manifestar alguma condescendência em relação a eles?

A hierarquia entre consciente e inconsciente que você postula contradiz o lugar comum de nossa época. "As imagens não valem, na literatura, senão pelas paixões e pelos desejos que o eu tendencioso do autor nelas coloca, e que são outra palavra para ideologia. O universo imaginário é orientado por pensamentos e reticências. [...] O mal-estar de Michelet nasce de suas condenações de princípio".[64] Dizemos muito comumente em nossos dias que a ideologia não vale senão pelas imagens, que o pensamento é orientado pelo universo imaginário e que os princípios nascem do mal-estar. Trata-se de inverter, pura e simplesmente, a hierarquia corrente ou, então, devemos procurar pensar de outro modo a antinomia que formam consciente e inconsciente?

P. B.: No que concerne à psicanálise, também não tenho objeção de princípio. A psicologia dos escritores é, geralmente, de alguma importância em sua visão do mundo, por vezes, em

---

63 Id., *Le Temps des prophètes*, p.498.
64 Ibid., p.489-99.

Crítica da crítica

suas escolhas e predileções formais, e não podemos excluí-la do domínio da crítica. A psicologia do inconsciente, elemento tradicional de nossa cultura, bem como simplesmente a psicologia, já tem, há muito tempo, direito de figurar na crítica literária. Ela se perde quando, ao discurso do autor, substitui-se outro, que ele não teria reconhecido e cuja presença em sua obra é conjecturada por uma autoridade externa. Ora, os títulos dessa autoridade reivindicando um real conhecimento do domínio literário são, necessariamente, problemáticos. Se confirmados, a modificação que a crítica psicanalítica impõe ao conteúdo da obra permaneceria estrangeira à literatura, cujo domínio é, antes de tudo, o dos intercâmbios conscientes entre pensamentos. É verdade que o crítico pode ser levado a ultrapassar, em seu comentário, o sentido manifesto da obra; ele sempre precisou fazê-lo, pois o texto não apenas diz, ele sugere sem dizer, encobre o que não quer dizer. Mas o crítico, nessa ordem de ideias, pode apenas agir com uma audácia comedida, e em um entendimento plausivelmente suposto entre o autor e o leitor a quem ele espera esclarecer. Para além disso, o arbitrário corre o risco de se desenvolver.

Para responder à sua última observação a respeito desse tema, não sei qual é a hierarquia real do consciente e do inconsciente, nem o que valem as perspectivas atualmente mais correntes com relação ao sentido dessa hierarquia. Mas sei que a literatura vive, principalmente, à luz da consciência e morre sem ela. Nenhum homem, nem mesmo psicanalista, suportaria viver — excetuado o momento de sua própria cura — com um interlocutor que, por trás de todos os seus propósitos, visse outra coisa e acreditasse oportuno informá-lo. Aquilo que tornaria a vida impossível mataria, igualmente, a literatura.

221

Tzvetan Todorov

A crítica sociológica

T. T.: *Essa forma de crítica lhe é mais próxima do que as outras, na medida em que nela se acha tematizada a relação entre literatura e sociedade, que igualmente sempre lhe interessou. Você diz que, inicialmente, sentiu-se atraído pelo "materialismo histórico";[65] a "variante marxista dessa empreitada" lhe parece "mais verdadeira e mais intensa em seu princípio do que as outras"[66] e você pensa que "toda análise sociológica das obras do pensamento é levada a usar a noção de classe".[67] No entanto, como já vimos, você também mantém-se distante dessa crítica. Você poderia esclarecer sua posição a esse respeito?*

P. B.: A crítica sociológica também corre o risco de substituir a autoridade externa do sociólogo ou do comentarista, que dela se supõe investido, pela do autor, e de falsear por isso o sentido das obras. Já falamos dessa maneira de abordar a literatura, de sua legitimidade e de seus perigos. Quanto ao que diz respeito ao uso da noção de classe nesse tipo de crítica, sua oportunidade pode variar de acordo com as épocas estudadas. Devo dizer que, contrariamente ao que se poderia esperar, esse uso parece mais indicado quando se trata do século XVII do que quando se refere ao século XIX. O que julguei poder fazer em minhas *Morales du grand siècle* não se mostrou factível em meus estudos sobre a época romântica e precisei refletir sobre essa diferença. No Antigo Regime, os nobres, a corte, a nobreza de toga podem, cada um, ter uma visão diferente do mundo. Nada de semelhan-

---

65 Bénichou, Réflexions sur la critique littéraire. In: Fumaroli (ed.), *Le Statut da la littérature*, p.3.

66 Id., *L'Écrivain et ses travaux*, p.XI.

67 Id., *Le Sacre et l'écrivain*, p.18.

Crítica da crítica

te no século XIX entre a alta burguesia, a classe média, o povo; pelo menos, nada tão dividido. Os comportamentos políticos diferem, é claro, mas a filosofia geral é, em grande parte, comum, principalmente na primeira metade do século: um espírito laico mais ou menos marcado, de tendência geralmente liberal, progressista e humanitária; valores análogos reconhecidos de alto a baixo na escala social; os mesmos tipos ideais, masculinos e femininos, ocupando as imaginações. Algo semelhante também tinha existido no século XVII, na medida em que as crenças, a piedade e os ideais cristãos reinavam sobre o conjunto da sociedade. Entretanto, nessa sociedade muito dividida, cada meio social podia desenvolver uma ética própria, relacionada com sua condição particular. Isso foi difícil na sociedade mais unificada pela Revolução, na qual, não havendo nenhuma barreira teórica separando as classes, a ascensão ao longo de uma escala única era sempre possível, em princípio. Somos então levados a considerar, nas obras, menos as raízes que elas podem ter em uma classe social do que o projeto que elas sugerem, e a situação desse projeto no conjunto do devir social. Por outro lado, a constatação de certo *consenso* ideológico no seio da sociedade (consenso cristão durante longos séculos, depois consenso progressista e humanitário) esclarece a existência de um poder espiritual: ela permite compreender o papel de inspiradores e de guias que se atribuíram, no século XIX, os poetas, escritores e pensadores, que formulam e detêm as diversas versões da ideologia comum.

Prática da pesquisa

T. T.: *Acabamos de falar de diferentes orientações críticas; ora, existe um aspecto da crítica que, sem ser em si mesmo uma orientação, encontra-se (ou deveria encontrar-se) na base de todos os outros: é a acumulação de informações, a erudição. Suas obras, particularmente aquelas posteriores a* Morales du grand siècle, *impressionam pela extensão e pela precisão dos conhecimentos. Como você procedeu concretamente?*

P. B.: Responderei com prazer. Falarei apenas de meu trabalho sobre o romantismo francês, que me ocupou por mais tempo, deixando de lado os livros e os artigos sobre outros temas, que precederam a esse trabalho ou que me levaram, por vezes, a interrompê-lo. Seria importante, antes de começar a dizer como trabalhei, que eu lhe dissesse de qual projeto parti e como ele evoluiu. Originalmente, eu pensava em um estudo sobre o pessimismo poético na geração pós-romântica (Baudelaire, Banville, Leconte de Lisle, Flaubert e seu círculo literário). Mas, a partir de minhas primeiras leituras, compreendi que esse pessimismo era o retorno do entusiasmo e da fé da geração precedente e que era preciso pesquisar ali para compreender o que se produziu em seguida. De fato, era preciso ir mais além, pois o problema originava-se do papel que os filósofos das Luzes atribuíram a si mesmos com relação ao destino da humanidade. A extensão da tarefa era desconcertante e apaixonante, mas eu não via como abreviá-la, satisfazendo às exigências da verdade.

Meu trabalho consistiu, inicialmente, no estabelecimento, iniciado nos anos 1950, de um fichário de textos e de referências, que remetia originalmente à condição do poeta e do escritor e às ideias em vigor referentes a essa condição durante o período compreendido entre 1760 e 1860, aproximadamente. Percebi, no decorrer do trabalho, que o problema da missão ou do sacerdócio dos literatos só havia surgido e só se colocava em sua relação com as condições histórico-sociais e as crenças e as maneiras de pensar, que iam muito além desse problema em

Crítica da crítica

particular. Minha documentação aumentava na mesma proporção. Precisei ler muito, resumir muito, classificar muito. Passei especialmente muito tempo examinando numerosas coleções de revistas literárias ou de temas gerais: esse aspecto da informação havia sido, muitas vezes, negligenciado em decorrência de sua aridez; entretanto, nessas análises, descobri e compreendi muitas coisas. Reuni, assim, pouco a pouco, durante longos anos, o que me pareceu fornecer a substância de meu trabalho. Eu classificava esse material em critérios mínimos, por autores e gerações de autores, títulos e grupos de periódicos, filiação a escolas etc., sem que essa classificação estabelecesse, em meu pensamento, qual seria a ordem seguida em meus livros. Eu não procurava dominar essa matéria à medida que a reunia: este teria sido um trabalho sem proveito, pois a vastidão do campo e a imprevisibilidade da coleta futura tornariam vãs as sínteses prematuras. Eu deixava apenas formar-se em meu espírito, sobre meu tema ou sobre alguns de seus aspectos, esquemas parciais ou provisórios que eu anotava, sobre os quais eu refletia e que, quando nada os desmentia, podiam me levar a retomar e a completar as pesquisas já feitas e que influenciavam a sequência de meu trabalho.

Quando julguei que já havia me informado o suficiente para começar a escrever, estava convencido, ao menos, da legitimidade de um quadro cronológico por períodos e tinha adquirido, a respeito daquilo que eu tinha a dizer, algumas ideias relativamente precisas. No verão de 1968, comecei a redigir um volume sobre o período 1760-1830; este apareceu em 1973 com o título *Le Sacre de l'écrivain*. Só pude escrevê-lo após uma atualização, uma revisão, uma seleção severa e uma reclassificação, várias vezes reiniciada, do material reunido a respeito desse período – operações durante as quais aprendi muito com minhas próprias anotações, encontrando, pela primeira vez reunidas, sobre este ou aquele ponto, informações recolhidas, às vezes, com muitos anos de intervalo. Pude, então, ver desenhar-se o esquema definitivo desse primeiro conjunto, assim como a ordem dos capítulos, enfim, os encadeamentos internos de cada um deles. Em suma, precisei de muita paciência, como pesquisador e como organizador, antes de me abandonar à inspiração do escritor, que dá à obra sua forma final. Acredito que muitos pesquisadores reconhecerão seu próprio percurso no meu. Quanto a mim, não vejo como um grande trabalho de síntese na "história das ideias" poderia ser feito de outro modo. Mas, é claro, não me tomo como exemplo; tudo depende do temperamento e dos hábitos de cada um. Procedi da mesma maneira a partir da documentação já reunida, compreendendo o período de 1830 a 1848, que originou dois volumes: um, *Le Temps des prophètes* – já publicado –, sobre os autores de doutrinas gerais; o outro, em fase de acabamento, sobre os poetas. Paradoxalmente, minha informação sobre a geração pós-1848 – aquela que tinha me interessado inicialmente – está até agora inutilizada: como se diz, o homem propõe e o tempo dispõe. Essa documentação me dará, espero, material para uma nova obra.

Submeter-se ao outro

T. T.: *Seu programa positivo para a crítica comporta duas partes, à primeira vista incompatíveis: submeter-se ao outro e assumir-se a si mesmo. Submeter-se ao outro quer dizer ao autor estudado: este é o primeiro gesto do crítico, que deve fazer o melhor para estabelecer o sentido do texto por ele estudado; este*

Crítica da crítica

é também seu "método". "Deveríamos designar método em crítica literária, no sentido restrito da palavra [...], somente o que consiste em informar-se suficientemente, em manejar corretamente a informação e em interpretá-la de modo plausível, quer dizer, evitando a região mental na qual o indemonstrável e o irrefutável são apenas um".[68] O crítico, como o escritor, parte de textos preexistentes; mas, enquanto este encontra seu valor na transformação a que submete os textos, aquele, ao contrário, só encontra seu valor se reduzir essa transformação ao mínimo: os ideais da intertextualidade praticada por um e por outro são inversos. "Convém [...] que o temor de inventar seja a maior de suas virtudes" (do crítico).[69] O ideal do crítico é o estabelecimento da verdade, em um primeiro sentido do termo (verdade de correspondência ou de adequação). O que a obra crítica realiza concretamente não é a verdade, mas a plausibilidade (ou, como antes se dizia, a verossimilhança), mas, se o ideal não pode ser alcançado, ele também não deve atuar como princípio regulador da pesquisa, como horizonte que permite decidir sobre sua orientação.

Essa fé na verdade como princípio regulador foi muito contestada em nossa época, que prefere acreditar que "tudo é interpretação". Você não nega o caráter interpretativo do trabalho crítico, mas também não quer limitar-se a esta constatação: "Ninguém ousa dizer que toda interpretação é legítima".[70] A razão desse otimismo hermenêutico é que a linguagem e a literatura não são jogos individuais e arbitrários, mas convenções sociais que servem à comunicação e permitem o entendimento de um homem com outro. "A linguagem [...] é, apesar de tudo, o elo entre os homens e, com a ajuda preciosa e severa da filologia, entre os séculos. [...] O diálogo ininterrupto, através das gerações, dos autores e do público, é o próprio postulado da lite-

---

68 Id., Réflexions sur la critique littéraire. In: Fumaroli (ed.), *Le Statut da la littérature*, p.4-5.

69 Ibid., p.20.

70 Bénichou, *L'Écrivain et ses travaux*, p.XIV.

ratura que se fundamenta sobre o entendimento".[71] Esta é a razão pela qual é possível estabelecer regras de interpretação: "Mallarmé pede para ser lido segundo a gramática e interpretado o mais próximo possível do texto. [...] Os pensamentos de Mallarmé são, ao mesmo tempo, velados e significados por seu texto; não acrescentemos a eles, de modo algum, os nossos".[72]

Você escreve: "Quem quer definir um autor fica tentado a enquadrá-lo abusivamente em seus valores pessoais, a dele fazer o precursor admirável e, no entanto, incompleto, de seus próprios pensamentos".[73] Às vezes, pergunto-me se é possível fugir inteiramente dessa tentação. Não penso na assimilação ingênua na qual, em um movimento de vai e vem, que significa também imobilidade, emprestamos inicialmente do escritor pensamentos próprios para depois nos alegrarmos por vê-lo tão próximo a nós. Penso, principalmente, no fato de as próprias categorias da análise jamais coincidirem perfeitamente com as do texto analisado e de qualquer interpretação ser também uma inclusão (esse duplo sentido da palavra "compreender" ilustra bem essa ambiguidade), uma integração em um contexto de inteligibilidade que não é o do próprio escritor. Podemos deixar de lhe impor nossas próprias asserções; entretanto, podemos deixar de lhe emprestar nossas palavras?

P. B.: Concordo com tudo o que você diz a respeito de meu "otimismo hermenêutico". Quanto à tentação, para o crítico, de enquadrar um autor em seus valores pessoais, ainda que seja por aplicar a ele suas próprias categorias de pensamento, penso como você que, devido à natureza das coisas, é difícil e talvez não desejável fugir inteiramente disso. Mas é preciso manter o controle. E é preciso ainda querer fazê-lo e não se abandonar voluntariamente ao mal-entendido.

---

71 Ibid., p.XIV-XV.

72 Bénichou, Poétique et métaphysique dans trois sonnets de Mallarmé. In: Marion (org.), *La Passion de la raison*, p.414.

73 Id., *L'Écrivain et ses travaux*, p.XIV.

Crítica da crítica

Assumir-se a si mesmo

T. T.: *O movimento de empatia e de submissão ao autor analisado constitui apenas o primeiro aspecto da atividade crítica; o outro, complementar, exige, ao contrário (ao contrário?) que assumamos nossa própria voz, uma vez que, ao ignorá-la, nos fechamos em outra variante do objetivismo. O autor pertence a seu tempo; como o crítico poderia dele escapar? Você constata* em Morales du grand siècle: "*O interesse que temos pelo passado do pensamento nasce quase sempre do desejo de fazer novo uso dele*",[74] *e, em* Le Temps de prophètes, *você apresenta essa tomada de posição como uma prescrição e não apenas como uma descrição.* "A objetividade *diante de problemas que permanecem atuais deixa mesmo de ser concebível, pela simples razão de que o homem e sua condição presente não são objetos para nós. Apreciar enquanto estrangeiro, sem referência a nenhum valor, uma situação ou um debate humanos hoje não resolvidos é evidentemente impossível*".[75] *O ideal do historiador não pode ser a objetividade, mas apenas a honestidade ou a probidade.*

A partir do momento em que a subjetividade do crítico é levada em conta, este não pode mais pretender limitar-se apenas à descrição; ele precisa, ao mesmo tempo, assumir seus julgamentos. "*Não deixamos de julgar as ideias, uma vez que queremos descrever seu sentido e sua origem*".[76] *Assim, você vai além do projeto filológico fundamentado sobre a separação de Spinoza entre o sentido e a verdade e sobre a consecutiva exclusão de qualquer busca referente à verdade. Com você, o crítico novamente precisa lidar com a verdade, mas agora com uma acepção diferente da palavra: uma verdade antes ética do que descritiva. Essa nova preocupação com a verdade intervém em dois níveis. Primeiro, ela é indispensável para a própria análise do pensamento*

---

74 Id., *Morales du grand siècle*, p.367.

75 Id., *Le Temps de prophètes*, p.566-7.

76 Id., *Morales du grand siècle* p.7.

de um autor, para descobrirmos suas fraquezas, suas incoerências, suas dificuldades. Assim, você hesita em falar da "deficiência fundamental de toda a literatura aristocrática"[77] ou da incapacidade da nobreza francesa;[78] ao analisar Rousseau, você se interroga sobre o conteúdo do debate que ele iniciou: "Deveríamos acreditar que a felicidade imaginada tenha alguma vez substituído [...] a própria felicidade?";[79] e sua leitura de Jouffroy transforma-se em verdadeiro diálogo: "Uma doutrina do progresso subentende... Admitamos; mas nos dizem que... Digamos que... Mas a ideia... E o filósofo liberal vê-se reduzido a argumentar, depois de tantos outros, a respeito da noção de uma necessidade livre".[80]

A preocupação com a verdade intervém também em um nível mais elevado, não mais para analisar o pensamento do autor, mas para delimitar o diálogo no qual o crítico se engajou; não como meio, mas como fim: literatura e crítica encontram-se aqui unidas, após terem estado, por muito tempo, separadas. Quando você escreve, por exemplo: "Em todas as sociedades conhecidas até nossos dias, a natureza das coisas quer antes que tiremos da virtude o que damos ao amor",[81] ou então: "Só há fórmula objetiva dos fins sociais se esta for irrefletida ou fraudulenta",[82] você enuncia, certamente, uma posição que o caracteriza enquanto sujeito histórico; mas você a propõe também como uma verdade trans-histórica, como um terreno de entendimento possível entre você mesmo e outros homens: aqui, seu enunciado aspira à universalidade.

P. B.: Concordo com suas observações e gostaria de acrescentar alguns esclarecimentos sobre as noções de diálogo e de verdade.

---

77 Ibid., p.78.
78 Ibid., p.120.
79 Bénichou, *L'Écrivain et ses travaux*, p.42.
80 Id., *Le Temps de prophètes*, p.32.
81 Id., *Morales du grand siècle*, p.61.
82 Id., *Le Temps de prophètes*, p.567.

Crítica da crítica

O crítico tem, como você afirma, o direito de intervir subjetivamente para imputar ao projeto do autor, tal como surge na obra, uma falta de coerência ou uma falta de plausibilidade. Há muito a ser dito a respeito desse tema. A falta severa de coerência — e mesmo a contradição interna observável em uma obra — pode não ser uma imperfeição propriamente dita, mas, antes, um sinal, rico de sentido: muitos estágios são possíveis entre a inconsequência pura (ou o que parece sê-lo) e a ambiguidade reveladora da natureza profunda de um problema ou de um ser. Quanto à falta de plausibilidade, esta é entendida com relação a uma experiência humana mais comumente confirmada do que o discurso do autor; mas também aqui a objeção levantada pelo crítico pode não ser, de fato, uma objeção; ela pode levar apenas a ressaltar uma originalidade do escritor e, em um plano mais profundo, conduzir à sua justificativa. Vemos a que ponto, nesses procedimentos críticos, o sentido buscado pelo autor e a avaliação de seu pensamento podem interligar-se. É papel do crítico avançar, *o quanto ele puder*, em direção a essas soluções reconciliadoras; o quanto ele puder e, se não o puder, de modo algum, dizer por qual razão.

Quanto a pronunciar-se no plano ético diante de uma obra, é contudo outra coisa. Trata-se, nesse caso, dos valores que a obra tem por verdadeiros e que podem trazer problemas quanto à sua legitimidade. Evidentemente, é desejável, portanto, que o crítico tenha grande acolhida e que, nesse campo, se dedique a fazer as perguntas mais do que a respondê-las. Nada o obriga a optar entre Corneille e La Rochefoucauld, Voltaire e Rousseau, Hugo e Baudelaire. Depende dele perceber suas preferências, se ele acreditar que elas tornarão sua crítica mais explícita. A comunicação inter-humana na qual ele se engajou não lhe permite dar a seu *eu* um lugar excessivo; ele é, por função, tudo para todos. Mas por ser informante e intérprete, ele não é menos sujeito e juiz do bem e do mal, assim como o autor e o público. A profissão que o liga à literatura o separaria da humanidade? Isto seria absurdo. É natural que ele abra um debate quando são colocadas questões que engajam sua própria consciência ou quando ele percebe que, de outra maneira, seus comentários seriam sem verdade e sem virtude.

Antinomias

T. T.: *Poderíamos talvez resumir sua posição crítica (a menos que, renunciando por minha vez à fidelidade, eu não privilegie demais o sistema) como uma tentativa, inicialmente para evidenciar, depois para articular certo número de antinomias: entre determinismo e liberdade, universal e particular, fidelidade contextual e espírito de sistema, consciência e inconsciente, fato e valor, conhecimento e julgamento, eu e o outro... Não é, no entanto, a uma síntese que você aspira, mas, antes, ao reconhecimento de uma validade limitada a cada uma das opções representadas por esses conceitos, dependendo do ponto de vista sob o qual nos colocamos. Esse procedimento parece sustentado por algumas escolhas filosóficas. Como você as definiria e qual papel estaria reservado para a filosofia no exercício de nossa profissão?*

P. B.: Você tem razão de dizer que articulo antinomias, mas o faço após tê-las constatado ou, melhor, sofrido: notadamente a que demonstra o espírito, ao mesmo tempo, dependente e soberano, ou que opõe a luz da consciência à obscuridade das motivações, ou ainda a ordem dos valores à dos fatos e das causas. Essas antinomias, na verdade, reduzem-se à oposição entre a existência objetiva e a do sujeito humano, oposição que

Crítica da crítica

não pode ser resolvida nem pela quimérica supressão de um dos dois termos integrado à natureza do outro, nem pela produção de um terceiro, que não fornece a ideia. Não se trata de um aspecto, nem de um episódio da vida de nosso espírito, mas de sua definição principal. Aceitemos, portanto, os contrários em nossos estudos e tratemos de acomodá-los juntos em nossa crítica, bem como em nós mesmos.

Você me pergunta quais são minhas escolhas filosóficas. Não sendo filósofo de profissão, lhe darei uma resposta na medida em que a reflexão sobre a condição humana é natural em cada um de nós. A ideia de uma transcendência acima do mundo e do homem parece-me das mais problemáticas. Penso que é a subjetividade humana que introduz uma transcendência, na medida em que ela se toma de maneira invencível como tal e — apesar de toda afirmação doutrinária contrária — se vivencia como tal. É verdade que tudo o que constitui e distingue o ser humano, notadamente o exercício do conhecimento e a convicção de uma livre vontade, e tudo o que o liga a outros temas, cultura, direito, moral, transcende a ordem do fato e só pode ser concebido no plano puramente objetivo pela recusa formal de uma evidência. A ideia de uma transcendência limitada no âmago do homem pode parecer paradoxal; talvez seja mesmo um disparate filosófico, mas esse disparate, se for um, encerra tudo o que sabemos sobre nós sem nada retirar ou acrescentar.

Você também me pergunta qual papel a filosofia pode representar no exercício de nossa profissão. A crítica literária, rigorosamente falando, não tem necessidade de filosofar senão sobre si mesma; e, ainda, muitos se calaram sobre esse aspecto, sem se desqualificarem em sua prática da profissão. Não é muito fácil calar-se em nossos dias: muitas questões, que levam

Tzvetan Todorov

a uma tomada de posição, foram propostas. Parece-me que as reflexões que acabo de apresentar como resposta à sua última pergunta, se não são claramente indispensáveis ao exercício da crítica, podem, talvez, ajudar a compreender sua missão e seu alcance. Elas mostram uma relação larga e contínua na literatura, intersubjetiva em sua natureza, humanamente transcendente em seu conteúdo e universal em seu alcance, uma vez que tal relação diz respeito, em princípio, à universalidade dos temas. Isso não quer dizer nada além do sempre tido como evidente, designando "humanidades" os estudos literários.

Uma crítica dialógica?

Sabemos o quanto é difícil ouvir uma crítica a nós dirigida pelos outros. E os críticos podem ser agressivos; mas eles não nos conhecem e não querem nos compreender: irritam-se porque não somos como gostariam que fôssemos; negam-nos com tanta energia, que nem nos sentimos mais atingidos. Ou eles nos são (ou foram) próximos; então a ruptura é afetiva e a dor triunfa sobre qualquer consideração objetiva: o importante é que não há mais amor, não que sejamos assim ou assado, como dizem. Ou ainda, eles continuam a gostar de nós e, por essa razão, não nos dizem nada que poderia ser sentido como uma reprovação fundamental: nos aceitam por aquilo que somos, ainda que não pensem da mesma maneira. É de se perguntar como fazer para assimilar o que quer que seja a respeito de nós mesmos a partir das palavras dos outros. Mas será apenas de mim que estou falando? No entanto, quando reflito acerca de meu percurso intelectual, a lembrança de dois encontros me vêm à mente, encontros esses, dou-me conta disso muito tempo depois, que contribuíram para modificar-me.

À primeira vista, eles têm apenas semelhanças superficiais. E tanto um quanto outro ocorreram após uma dessas obrigações que são parte imprescindível de minha profissão, as conferências no exterior: em parte turismo, em parte espetáculo (visitamos e somos visitados ao mesmo tempo). Podem, então, nascer simpatias; podemos também ouvir duras críticas; mas, no conjunto, nada que nos atinja profundamente. As duas conferências aconteceram na Inglaterra, país ao qual raramente vou. E, nos dois casos, infelizmente, lembro-me muito mais do efeito que as palavras proferidas tiveram sobre mim do que das próprias palavras.

O primeiro desses encontros ocorreu em Londres, há aproximadamente dez anos. Eu havia falado sabe lá Deus sobre o que no Institut Français e, durante a recepção que se seguiu, apresentaram-me a um homem mais velho do que eu, olhos de um azul vivo, nas mãos um copo de uísque que se esvaziava, julgo, bastante rapidamente: Arthur Koestler. Eu tinha lido *O zero e o infinito* quando ainda estava na Bulgária, e esse livro tinha me impressionado bastante. Naturalmente, a conversa não girou em torno de minha conferência; mas, antes, em torno do fato de que eu vinha, justamente, de um país da Europa do leste, onde se vivia sob o regime comunista. Com relação à política, eu mantinha, então, uma atitude que havia assumido durante minha adolescência, e que julgo comum a muitas pessoas de minha geração: ela era feita de fatalismo e de indiferença. Como as coisas não podiam ser diferentes, o melhor era desinteressar-se inteiramente delas. Portanto, eu exprimia essa indiferença diante de Koestler, apresentando-

Crítica da crítica

-a como uma posição de lucidez e de sabedoria. Não recordo exatamente as palavras com as quais ele me respondeu, mas sei que sua reação foi de polidez, firmeza, assombro e recusa. E, ao vê-lo, senti repentinamente que sua existência era a prova da falsidade daquilo que eu dizia: ele não havia adotado uma atitude fatalista. Ele não se opunha ao que eu dizia na conversa, nada censurava; mas tinha uma espécie de segurança tranquila, por ser o que ele era.

O segundo episódio aconteceu em Oxford. Desta vez, lembro-me, minha conferência tratava de Henry James e da "análise estrutural da narrativa" (na época, eu sabia o que isso significava). Eu tinha sido convidado por um colégio cujo diretor era Isaiah Berlin. Até então, nada tinha lido deste maravilhoso filósofo e historiador; mas ele era entusiasmado e eloquente e, imediatamente, me seduziu. Ofereceu-me sua hospitalidade (como devia fazê-lo com outros conferencistas), e nunca esquecerei a noite que passamos em sua casa, um ver-dadeiro museu — desta vez, era eu quem tinha à mão um copo de vodca que, solicitamente, ele sempre completava, contando--me suas lembranças de Pasternak e Akhmatova (depois, ele as publicou). Ele havia assistido, silencioso, à minha conferência e mais tarde, em dado momento da noite, disse-me algo como: "Sim, Henry James, sim, sim, as estruturas da narrativa. Mas por qual razão o senhor não se ocupa de assuntos como o nii-lismo e o liberalismo no século XIX? É muito interessante".

Tenho consciência de que essas reminiscências são impor-tantes especialmente para mim, pois os acontecimentos por elas reportados são irrelevantes; eles se tornam significativos apenas quando relacionados a outras experiências minhas. Além disso, naquele momento não lhes dei nenhuma atenção.

Apenas retrospectivamente, e ainda porque minha memória reteve esses incidentes entre mil outros, percebo a sua importância; e me ponho a buscar neles outros traços comuns, a perguntar-me sobre o que os distingue de tudo o mais. Nessas duas respostas que me foram dirigidas, compreendi algo como uma reprovação e uma recomendação. Mas eu não as afastei, como de costume, classificando-as sob as rubricas da incompetência, da hostilidade ou da paixão. Isto se deve, sem dúvida, à identidade de meus interlocutores: indivíduos conhecidos e respeitáveis; mas também à sua gentileza e tolerância – ou simplesmente polidez (inglesa), e que eu tomava por outra coisa. Digo-me agora também que os dois tinham, como eu, vivenciado o desenraizamento e a alteridade cultural e que, por esta razão, sabiam vivenciar melhor a alteridade pessoal – pela qual reconhecemos o outro, mantendo algum distanciamento.

Ocorre que essas duas conversas, por mais insignificantes que fossem, para mim desempenharam um papel incontestável. Se eu traduzisse um pouco rudemente o que tinha compreendido, diria tratar-se, cada vez, de uma tomada de consciência do caráter não necessário, ou arbitrário, de minha posição. O que eu ouvi nas palavras de Berlin foi que a literatura não é apenas feita de estruturas, mas também de ideias e de história; e, de Koestler, que não há razões "objetivas" para optar pela renúncia ao exercício da liberdade. Evidências, é claro, mas que devem ser recebidas de algum modo, para poderem tornar-se suas.

Essas palavras que, entre outras razões por mim desconhecidas, me levaram a revisitar minhas noções sobre o que é literatura e sobre o que deve ser crítica, caíram, de fato, em terreno favorável. Durante esses mesmos anos, a curiosidade levou-me à leitura de obras antigas que tratavam de assuntos que, então,

Crítica da crítica

me interessavam: o simbolismo, a interpretação. Eram obras de retórica ou de hermenêutica, de estética ou de filosofia da linguagem, que eu havia lido sem nenhum projeto histórico: nelas eu buscava, antes, perspectivas sempre "válidas", interpretações para a metáfora, para a alegoria ou para a sugestão. Mas, ao ler, dei-me conta de que fazer a separação entre projeto histórico e projeto sistemático não era tão fácil quanto eu acreditava. O que havia pensado serem instrumentos neutros, conceitos puramente descritivos (os meus), me pareciam agora consequências de algumas escolhas históricas precisas — que teriam podido ser outras; essas escolhas tinham, de resto, corolários — "ideológicos" — que eu nem estava sempre pronto a assumir. Já abordei essas articulações na introdução deste livro.

De tanto ler esses velhos livros, dei-me conta, em primeiro lugar, de que meu conjunto de referências não era a verdade finalmente revelada, o instrumento que permite medir o grau de erro em cada uma das concepções anteriores da literatura e da interpretação, mas o resultado de algumas escolhas ideológicas; e, depois, de que eu não me entusiasmava com a ideia de partilhar todas as implicações dessa ideologia cujo individualismo e relativismo são as duas faces mais familiares.

Mas o que podia ser feito? Recusar essas premissas não era voltar à posição ainda mais insustentável da crítica anterior (mesmo que ela não tivesse esse nome), que, para distingui-la da *imanência* reivindicada pelos modernos, deveríamos designar *dogmática*, segundo a qual a literatura, não mais oposta a outras produções verbais dos homens, deveria "engajar-se a serviço da verdade", como dizia Santo Agostinho a propósito da eloquência? A interpretação devia aceitar, por sua vez, servir a um dogma, sabendo, de partida, qual sentido seria necessário encontrar aqui ou ali, ou, em todos os casos, julgando sobre o valor desse sentido em função de um princípio preestabelecido?

De fato, eu conhecia bem tal crítica por ter sido educado na Bulgária, ainda que não a tivesse praticado fora das dissertações de colégio. Diferentemente do que acontecia na França em 1963, quando cheguei, a "teoria da literatura" figurava entre as disciplinas obrigatórias ao estudante de filologia em Sofia (lembro-me da expressão repentinamente gélida do diretor da faculdade de letras da Sorbonne, quando lhe perguntei, em 1963, em um francês de iniciante, quem ali ensinava teoria da literatura). Mas essa teoria que impregnava, é claro, os cursos de história da literatura reduzia-se, essencialmente, a duas noções: o "espírito do povo" e o "espírito do partido" (*narodnost* e *partijnost*); muitos escritores possuíam a primeira qualidade, mas a segunda era encontrada apenas nos melhores. Sabíamos, antecipadamente, o que os escritores deviam dizer; tudo o que restava encontrar era em que medida eles conseguiam fazê-lo. Penso que foi essa educação que despertou, por contraste, meu interesse inicial pelos Formalistas.

Os seguidores da posição "imanente" como os da posição "dogmática" sempre procuraram, me parece, apresentar a posição do adversário como a única alternativa possível àquela que eles mesmos assumiam. Os conservadores dogmáticos pretendem que qualquer renúncia a seus valores equivale ao abandono de qualquer valor; os liberais "imanentes", que qualquer aspiração aos valores conduz ao obscurantismo e à repressão. Entretanto, devemos acreditar neles?

A resposta a esta questão chegou até a mim, conforme podíamos esperar, por um caminho tortuoso. Após ter obtido a cidadania francesa, comecei a sentir com mais intensidade que

Crítica da crítica

eu jamais seria um francês como os outros, em decorrência de meu pertencimento a duas culturas. Duplo pertencimento, interioridade-exterioridade, que pode ser vivenciado como uma falta ou como um privilégio (inclinava-me e inclino-me preferivelmente para a perspectiva otimista), mas que, de toda maneira, nos torna sensíveis aos problemas da alteridade cultural e da percepção do outro. Eu acabava de conceber um grande projeto sobre esse assunto quando descobri, fortuitamente, no decorrer de uma série de conferências, agora no México, os escritos dos primeiros conquistadores relativos à conquista da América; esse exemplo maravilhoso de descoberta (e de ignorância) do outro me ocupou durante três anos. Ora, ao refletir sobre esses assuntos, percebi que reencontrava meu problema literário projetado em escala muito maior, pois se tratava da oposição entre o universal e o relativo, na ordem ética. Seria preciso, obedecendo ao espírito de tolerância que domina nossos espíritos, ainda que deixe intatos nossos comportamentos, renunciar a qualquer julgamento sobre as sociedades diferentes da nossa? E se, ao contrário, eu mantivesse certos valores como universais, seria possível que eu escapasse ao aniquilamento do outro em um modelo preestabelecido (o meu)? Alternativa que recorda, evidentemente, o conflito dos "imanentistas" e dos "dogmáticos".

O que me levou a julgar ilusório esse impasse foi, penso, minha experiência, na verdade feliz, de exilado. A escolha entre possuir a verdade e renunciar à sua busca não esgota todas as possibilidades que se abrem a nós. Sem definitivamente dar as costas aos valores universais, podemos colocá-los como um campo de entendimento possível com o outro mais do que como uma aquisição preliminar. Podemos estar conscientes de não possuir a verdade sem, no entanto, renunciar a procurá-la. Ela pode ser um horizonte comum, um ponto de chegada desejado (mais do que um ponto de partida). Não abandonamos a ideia de verdade, mas transformamos seu estatuto ou sua função fazendo dela mais o princípio regulador da troca com o outro do que o conteúdo do programa. No final das contas, o entendimento entre representantes de culturas diferentes (ou entre partes de meu ser que provêm desta ou daquela cultura) é possível, se o desejo de entendimento se fizer presente: não há apenas "pontos de vista", e é próprio do homem ser capaz de superar sua parcialidade e sua determinação local.

Para voltar à crítica e à literatura, essa convicção me levou a encará-las de outro modo. Renunciando à busca da verdade (sempre no sentido de sabedoria e não de adequação aos fatos), o crítico "imanente" proíbe a si mesmo qualquer possibilidade de julgar; ele explicita o sentido das obras, de algum modo, mas não as leva a sério: ele não lhes responde, ele age como se não se tratasse de ideias que dizem respeito ao destino dos homens; isto porque ele transformou o texto em um objeto que basta ser descrito tão fielmente quanto possível; o crítico "imanente" olha com a mesma benevolência Bossuet e Sade.[1]

O crítico "dogmático", na verdade, não deixa o outro se expressar: ele sempre o cerca por todos os lados, pois ele próprio encarna a Providência, ou as leis da história, ou outra verdade revelada; este outro, ele apenas o transforma na ilustração (ou

---

1 Eu me dou conta de que Sartre disse a mesma coisa, mas com a intenção de recusar qualquer perspectiva universalista. "Rousseau, pai da revolução francesa, e Gobineau, pai do racismo, um e o outro, nos enviaram mensagens. E o crítico as considera com uma simpatia igual" (*Qu'est-ce que la littérature?*, p.40).

Crítica da crítica

na contrailustração) de um dogma indestrutível que o leitor, presumivelmente, com ele divide.

Ora, a crítica é diálogo, e ela tem todo interesse em admiti-lo abertamente; encontro de duas vozes, a do autor e a do crítico, sem que nenhuma tenha predomínio sobre a outra. No entanto, os críticos de diversas tendências partilham sua recusa do reconhecimento desse diálogo. Consciente ou não, o crítico dogmático, seguido pelo ensaísta "impressionista" e pelo partidário do subjetivismo, faz ouvir uma única voz: a dele. Por outro lado, o ideal da crítica "histórica" (designação um pouco desconcertante, nós vimos a propósito de Watt) era fazer ouvir a voz do escritor, tal como esta se apresenta, sem nenhum acréscimo procedente dele; o da crítica de identificação, outra variante da crítica "imanente", era projetar-se no outro, de modo a poder falar em seu nome; o da crítica estruturalista, descrever a obra fazendo total abstração de si. Mas, ao nos interditarmos o diálogo com as obras e, portanto, o julgamento de sua verdade, nós a amputamos de uma de suas dimensões essenciais, que é, justamente, dizer a verdade. Recordo-me de que eu proferia, em Bruxelas, uma conferência sobre a estética de Diderot (decididamente, essas ocasiões parecem ter me marcado mais do que eu acreditava), na qual, após ter exposto (o melhor que pude) as ideias de Diderot, eu as qualifiquei como "erradas", falando de seu "insucesso". Um de meus ouvintes, especialista em Diderot, interveio: "Aceito sua descrição, mas estou surpreso com os adjetivos. O senhor tem a pretensão de dar aulas a Diderot? O senhor não está sendo anacrônico?". Penso que, aos olhos dele, eu não tinha respeito por um autor antigo. Mas depois, pensando no ocorrido (quando tudo já estava terminado e eu não podia mais dizer nada), acho que, na verdade, era ele quem faltava com respeito a Diderot, por recusar-se a discutir suas ideias, contentando-se em reconstitui-las como se se tratasse de um quebra-cabeças. Diderot escrevia para encontrar a verdade; reconhecê-lo, continuando a buscá-la com e contra ele, seria ofendê-lo?

A crítica dialógica fala não das obras, mas para as obras — ou antes: com as obras; ela se recusa a eliminar qualquer uma das duas vozes em presença. O texto criticado não é um objeto do qual uma "metalinguagem" deve ocupar-se, mas um discurso no qual encontra-se o discurso do crítico; o autor é um "você" e não um "ele"; um interlocutor com o qual discutimos valores humanos. Mas o diálogo é assimétrico, pois o texto do escritor é fechado, enquanto o do crítico pode continuar indefinidamente. Para que o resultado do jogo não seja fraudado, o crítico deve fazer ouvir, lealmente, a voz de seu interlocutor. As diferentes formas de crítica imanente encontram aqui seu direito (mas em um percurso diferente); como poderíamos contribuir para compreender melhor o sentido de uma passagem se não a integrando a contextos cada vez mais amplos; primeiro o da obra, depois o do escritor, o da época, o da tradição literária; ora, é exatamente isso que faz este ou aquele "especialista". Essas diferentes integrações não se excluem mutuamente, elas se inserem uma na outra, se recortam, ou se completam, como o sabia Spinoza, que delas apresentava as subdivisões em seu novo método de interpretação. Crítico, vejo-me obrigado a escolher entre uma orientação e outra (ainda que haja exceções): a razão disso não está em sua incompatibilidade de princípio, mas na brevidade da vida e na quantidade de tarefas administrativas com que nos sobrecarregam. Leitor, entretanto, não tenho nenhuma razão para proceder a uma escolha exclusiva:

Crítica da crítica

por qual razão deveria privar-me *ou* da competência de um Northrop Frye, que me mostra a qual tradição literária pertence a imagem que tenho sob os olhos (seu contexto diacrônico), *ou* daquela de um Paul Bénichou, que me revela o ambiente ideológico no qual essa mesma imagem foi formulada (seu contexto sincrônico)?

Neste nível, portanto, as insuficiências do estruturalismo podem ser compensadas pelo conhecimento do especialista em ideologias, e inversamente. Mas os dois (agora não estou mais falando de Bénichou ou de Frye) também apresentam uma insuficiência comum, que é, talvez, mais importante: precisamos não de mais fatos, mas de mais pensamento. O que podemos deplorar é a recusa do crítico em colocar-se como sujeito que reflete (em vez de apagar-se por trás do acúmulo de fatos objetivos) e em fazer julgamentos. Ao contrário de Spinoza, ou pelo menos de suas intenções declaradas, não nos limitaremos a essa busca do sentido e a seguiremos através de um debate sobre a verdade; não apenas "o que ele diz?", mas também "ele tem razão?" (o que, esperamos, não consiste simplesmente em dizer: "eu tenho razão"). De acordo com Spinoza, para não submeter a busca do sentido a uma verdade que deteríamos antecipadamente, não temos nenhuma razão para deixar de buscar, ao mesmo tempo, a verdade e nela confrontar o sentido do texto.

É por isto que designo essa crítica "dialógica". O tipo de verdade ao qual aspiro não pode ser alcançado senão pelo diálogo; reciprocamente, nós vimos com Bakhtin, para que haja diálogo, é preciso que a verdade seja colocada como horizonte e como princípio regulador. O dogmatismo leva ao monólogo do crítico; o imanentismo (e, portanto, o relativismo), ao do autor estudado; o puro pluralismo, que não é senão a adição aritmética de várias análises imanentes, a uma copresença de vozes, que é também ausência de escuta; vários sujeitos se expressam, mas nenhum leva em consideração suas divergências com os outros. Se aceitamos o princípio da busca comum da verdade, já praticamos a crítica dialógica.

Marc Bloch, um dos pais da "nova história" afirmava: "É bem mais fácil escrever a favor ou contra Lutero do que sondar sua alma!". Eu cheguei a pensar quase o contrário, salvo que não vejo por qual razão os dois deveriam ser incompatíveis. Se "sondamos" bem, devemos apenas deixar de nos pronunciar se o objeto do estudo nos for tão estranho que não reste mais nada a dizer além de colocá-lo. Se Lutero continua a nos falar, devemos continuar a lhe falar e, portanto, concordar com ele ou discordar dele. Não nos enganemos, nosso julgamento não resultará de nosso saber: este nos servirá para restituir a voz do outro, enquanto a nossa voz encontra sua origem em nós mesmos, em uma responsabilidade ética assumida. Não penso que seja uma coisa fácil. Escrevi duas vezes sobre Benjamin Constant, em 1968 para *Critique* e em 1983 para *Poétique*. A diferença entre os dois estudos e minha preferência pelo segundo não decorrem apenas do fato de eu ter feito mais leituras em quinze anos, ou de que eu generalizasse melhor. Acho também que, em meu primeiro texto, não tenho voz separada: pretendo expor o pensamento de Constant; mas, naturalmente, também quero dizer alguma coisa; portanto, atribuo minhas ideias a Constant. O resultado é uma voz híbrida, mas única, na qual nossas contribuições respectivas não estão claramente distintas. No estudo mais recente, esforcei-me, ao mesmo tempo, em lhe permanecer mais fiel e em contradizê-lo. É um pouco

Crítica da crítica

como nas relações pessoais: a ilusão da fusão é doce, mas é uma ilusão e seu fim é amargo; reconhecer o outro como outro permite amá-lo melhor.

Assim, apenas é possível mudar nossa imagem da crítica se transformarmos, ao mesmo tempo, a ideia que temos da literatura. Há duzentos anos, os românticos e seus inúmeros herdeiros nos repetiram, com zelo, que a literatura era uma linguagem que encontrava seu fim em si mesma. É tempo de tornar (de retornar) às evidências que não deveriam ter sido esquecidas: a literatura concerne à existência humana, é um discurso orientado para a verdade e a moral, azar daqueles que têm medo do palavreado. A literatura é um desvendamento do homem e do mundo, dizia Sartre; e ele tinha razão. Ela não seria nada se não nos permitisse compreender a vida melhor.

Se chegamos, então, a perder de vista essa dimensão essencial da literatura, é porque reduzimos, preliminarmente, a verdade à verificação e a moral ao moralismo. As frases do romance não aspiram à verdade factual, como o fazem ainda as da história; é inútil insistir nisso. Não se supõe que o romance descreva, ainda que seja perfeitamente possível, as formas específicas e históricas de uma sociedade; também não é aqui que se situa sua verdade. Assim como também não se trata de dizer, bem entendido, que as ideias do autor são, necessariamente, corretas. Mas a literatura é sempre uma tentativa de nos revelar "um lado desconhecido da existência humana", como afirma em algum lugar Kundera, e, portanto, ainda que ela não tenha nenhum privilégio que lhe assegure o acesso à verdade, ela não deixa jamais de procurá-la.

Literatura e moral: "que horror!", exclamará meu contemporâneo. Eu mesmo, ao descobrir a meu redor uma literatura submissa à política, acreditei que era preciso romper todo elo e preservar a literatura de todo contato com o que não é ela. Mas a relação com os valores lhe é inerente: não apenas porque é impossível falar da existência sem a eles referir-se, mas também porque o ato da escrita é um ato de comunicação, o que implica a possibilidade de entendimento em nome dos valores comuns. O ideal do escritor pode ser a interrogação, a dúvida ou a recusa; ele não incita menos seu leitor a partilhá-las e não deixa de ser "moral" por isso. A literatura de propaganda ou o romance de tese estão longe de esgotar as possíveis relações das obras com os valores; eles são apenas um tipo de aberração: a da verdade dogmática, possuída antecipadamente, que buscaríamos apenas ilustrar. Ora, a literatura não é um sermão: a diferença entre os dois é que o que é adquirido inicialmente aqui pode ser, ali, apenas um campo de reflexão.

Alguém replicará: a esse preço, a literatura é apenas a expressão de ideias que seria louvável aprovar ou contestar. Mas tal reação pressupõe que a literatura é algo uno. Ora, justamente, não o é: ela é um jogo formal de seus elementos *e,* ao mesmo tempo, instância ideológica (assim como muitas outras coisas); ela não é apenas busca da verdade, mas ela é também isso. Ela se distingue a partir daí das outras artes, como recordam Sartre e Bénichou; a razão para isso é que ela "passa" pela linguagem, em vez de ser a produção de uma simples matéria: os sons, as cores ou os movimentos; não pode haver "literatura abstrata". Dispomos, em nossos dias, de um aparato conceitual suficiente (ainda que evidentemente imperfeito) para descrever as propriedades estruturais da literatura e para analisar sua filiação histórica; mas não sabemos falar de suas outras dimensões, e essa ausência é preciso corrigir. O erro de

Crítica da crítica

uma crítica por demais determinista é postular que as obras são a expressão, ou o reflexo, da ideologia ("dominante", para completar); podemos, então, com facilidade, encontrar exemplos que provam o contrário. Mas o fato de que a literatura não seja o reflexo de uma ideologia exterior não prova que ela não tenha nenhuma relação com a ideologia: ela não a reflete, ela é uma ideologia. É preciso saber o que afirmam as obras, não *para* descobrir o pensamento do tempo ou *porque* conhecemos esse pensamento antecipadamente e porque nele buscamos novas ilustrações; mas porque essa afirmação é essencial às próprias obras.

E noto ainda a proximidade entre literatura e crítica. Dizemos às vezes: a primeira fala do mundo, a segunda dos livros. Mas isto não é verdade. Primeiro, as próprias obras sempre falam das obras anteriores, ou, em todos os casos, as subentendem: o desejo de escrever não vem da vida, mas dos outros livros. Depois, a crítica não deve, não pode mesmo, limitar-se a falar dos livros; por sua vez, ela se pronuncia sempre sobre a vida. Apenas quando se limita à descrição estrutural e à reconstrução histórica, ela deseja tornar sua voz tão inaudível quanto possível (mesmo se ela não consegue nunca fazê-lo perfeitamente). Ora, ela pode, ela deve lembrar-se de que ela é também busca de verdade e de valores. O tipo de verdade a que chegam a crítica e a literatura é da mesma natureza: a verdade das coisas mais do que a verdade dos fatos, a verdade de desvelamento e não a verdade de adequação (que a crítica também conhece, mas que constitui apenas algo preliminar). Teríamos nos poupado de erros, na crítica bem como na história, ou ainda na etnologia, se tivéssemos nos dado conta de que, assim como Dostoiévski procura dizer a verdade do homem (sem que por isso possamos afirmar que ele a possui), o crítico aspira dizer a verdade de Dostoiévski com, em teoria pelo menos, as mesmas possibilidades de sucesso; ao mesmo tempo, e inevitavelmente, ele também fala do homem. Sartre dizia: "A prosa é comunicação, busca conjunta da verdade, do reconhecimento e da reciprocidade";[2] mas essa afirmação se aplica, palavra por palavra, à crítica. Bem entendido, crítica e literatura também têm diferenças; mas, no contexto atual, parece-me mais urgente ver o que elas têm em comum.

A crítica dialógica é corrente na filosofia; nesta nos interessamos pelas ideias dos autores, mas ela é pouco comum na literatura, sobre a qual pensamos que basta contemplar e admirar. Ora, as próprias formas são detentoras de ideologia, e existem críticos literários — mesmo raros — que não se contentam em analisar; discutem com seus autores, demonstrando, desta maneira, que a crítica dialógica é igualmente possível no campo literário: assim, René Girard discorda dos românticos, ou Leo Bersani polemiza com os realistas. A linguagem das formas exige, para ser compreendida, uma certa escuta (nós a vimos muito bem ilustrada por Watt); em sua ausência, aceitamos os enunciados diretos do autor, ou, pior, de seus personagens. Mas não é porque alguns críticos são surdos que a literatura deixa de falar. Mesmo as obras menos "morais" posicionam-se com relação aos valores humanos e, portanto, permitem o confronto com a posição do crítico. O único caso em que a crítica dialógica é impossível ocorre quando o crítico encontra-se em acordo completo com seu autor: nenhum debate pode, então, acontecer. O diálogo é substituído pela apologia. Podemos nos

---

2 Sartre, *Saint Genet*, p.407.

Crítica da crítica

perguntar se essa perfeita coincidência é realmente possível, mas é certo que as próprias diferenças de grau são sensíveis: para mim, é mais fácil dialogar (quando ouso fazê-lo) com Diderot, cujas ideias desaprovo, do que com Stendhal. Devo ainda dizer, entretanto, que, pessoalmente, fico ainda menos à vontade quando a oposição é radical: a guerra não é uma busca de entendimento.

Seria preciso acrescentar que, se o crítico deseja dialogar com seu autor, ele não deve esquecer que seu livro, um vez publicado, torna-o autor, e que um futuro leitor procurará dialogar com ele. O ideal da crítica dialógica não é a fórmula oracular que mergulha o leitor na estupefação, seguida de um amargo misto de admiração pelo autor e de piedade por si. Consciente do diálogo no qual está engajado, o crítico não pode ignorar que esse diálogo, em particular, é apenas uma malha em uma corrente ininterrupta, já que o autor escrevia em resposta a outros autores e que nós mesmos nos tornamos autores a partir desse momento. A própria forma de sua escrita não é, portanto, indiferente, pois é preciso que ela autorize a resposta e não apenas a idolatria.

A crítica dialógica é mais "atual" do que a crítica imanente ou do que a crítica dogmática? Talvez eu tenha dado a impressão de acreditar nisso, quando descrevi sua relação como uma sucessão: primeiro a exegese patrística, depois a filologia. Mas, é claro, as coisas são menos simples, ao mesmo tempo porque as sociedades não são sistemas ideológicos perfeitamente homogêneos e porque a história não progride em conformidade com nenhum esquema literário. Encontramos uma atitude "imanente" com relação à arte em Quintiliano, e o comentário "dogmático" não deixou de existir com os padres da Igreja. O mundo contemporâneo, em particular, admite a pluralidade das opções, e as concepções cristã ou marxista ("dogmáticas") estão próximas, em nossos dias, das críticas de filiação histórica ou estrutural ("imanentes"). O ser humano jamais é inteiramente determinado por seu meio, sua liberdade é sua própria definição; e eu sou uma ilustração viva da fragilidade desse determinismo, por ter-me encontrado, no espaço de alguns anos, ligado, de perto ou de longe, a cada uma das três formas de crítica que procuro distinguir aqui.

E, no entanto, é também claro que, mesmo se o individualismo pode ser detectado até nos escritos dos estoicos, ele toma um novo impulso no Renascimento, tornando-se dominante com o romantismo. As ideologias de uma sociedade articulam-se hierarquicamente, e essa articulação é significativa: não creio que seja um puro acaso (um puro ato de liberdade da parte de alguns indivíduos) que a ideia da crítica ideológica, sob esta ou outra designação nos chegue agora e aqui; também não creio que sua chegada se deva ao fato de que seríamos mais inteligentes do que nossos predecessores. Mais do que suas "causas", os acontecimentos do mundo que nos cerca são "condições favoráveis" para essa crítica; entretanto, creio neles ouvir seu eco. Citarei, combinando deliberadamente o próximo e o distante, o fundamental e o derivado: a ausência atual de dogma unanimemente aceito; nosso conhecimento alargado por outras culturas que não a nossa, devido às mídias e aos *charters*; a aceitação da descolonização, pelo menos no plano ideológico; um desenvolvimento sem precedentes da tecnologia; os massacres de novas proporções que aconteceram em meados do século XX; o renascimento (o nascimento?) da luta pelos direitos do homem.

Crítica da crítica

Encontro outro indício dessa evolução nas transformações atuais da própria literatura (mas faço aqui, evidentemente, uma escolha que resulta daquilo que desejo encontrar). O que me parece característico dessa literatura não é o inesgotável gênero autobiográfico no qual ela se excede, mas o fato de ela, abertamente, assumir sua heterogeneidade, o fato de ser, ao mesmo tempo, ficção e panfleto, história e filosofia, poesia e ciência. Os escritos de Soljenítsin e de Kundera, de Günter Grass e de D. M. Thomas não se deixam limitar às concepções anteriores da literatura; eles não são nem "arte pela arte" nem "literatura engajada" (no sentido comum, e não no sentido de Sartre); mas são obras que se querem, ao mesmo tempo, construção literária e busca da verdade.

A crítica dialógica existiu, é claro, em todos os tempos (assim como as outras), e, a rigor, não precisaríamos do adjetivo, se admitíssemos que o sentido da *crítica* está sempre no ir além da oposição entre dogmatismo e ceticismo. Mas nossa época — por quanto tempo ainda? — parece oferecer uma oportunidade a essa forma de pensamento; é preciso que nos apressemos para aproveitá-la.

Referências bibliográficas

BAKHTIN, M. *Estetika slovesnogo tvorchestva*. Moscou, 1979. [Ed. franc.: *Esthétique de la création verbale*. Paris: Gallimard, 1984.] [Ed. bras.: *Estética da criação verbal*. 6.ed. Trad. Paulo Bezerra. São Paulo: WMF Martins Fontes, 2011.]

_____. *Problemy poétiki Dostoevskogo*. Moscou: [s.n.], 1963. [Ed. franc.: *Problèmes de la poétique de Dostoïevski*. Lausanne: [s.n.], 1970; *La Poétique de Dostoïevski*. Paris: Éd. du Seuil, 1970.] [Ed. bras.: *Problemas da poética de Dostoiévski*. [Ed. Paulo Bezerra. Rio de Janeiro: Forense Universitária, 2008.]

_____. *Tvorchestvo Fransua Rable i narodnaja kul'tura Srednevekovija i Renesansa*. Moscou: [s.n.], 1965. [Ed. franc.: *L'Oeuvre de François Rabelais et la Culture polulaire au Moyen Age et sous la Renaissance*. Paris: Gallimard, 1970.] [Ed. bras.: *Cultura popular na Idade Média e no Renascimento*: o contexto de François Rabelais. 7.ed. São Paulo: Hucitec, 2010.]

_____. *Voprosy literatury i èstetiki*. Moscou: [s.n.], 1975. [Ed. franc.: *Esthétique et Théorie du roman*. Paris: Gallimard, 1978.] [Ed. bras.: *Questões de literatura e de estética*: a teoria do romance. 6.ed. São Paulo: Hucitec, 2010.]

BARTHES, R. *Critique et vérité*. Paris: Éd. du Seuil, 1966. [Ed. bras.: *Crítica e verdade*. São Paulo: Perspectiva, 1999.]

_____. *Essais critiques*. Paris: Éd. du Seuil, 1964. [Ed. port.: *Ensaios críticos*. Lisboa: Edições 70, 2009.]

_____. *La Chambre claire*. Paris: Éd. du Seuil-Gallimard, 1980. [Ed. bras.: *A câmara clara*. Rio de Janeiro: Nova Fronteira, 2000.]

_____. *Le Bruissement de la langue*. Paris: Éd. du Seuil, 1984. [Ed. bras.: *O rumor da língua*. São Paulo: Martins Fontes, 2004.]

_____. *Le Grain de la voix*. Paris: Éd. du Seuil, 1981. [Ed. bras.: *O grão da voz*. São Paulo: Martins Fontes, 2004.]

_____. Réponses. *Tel Quel*, n.47, 1971.

_____. *Roland Barthes*. Paris: Éd. du Seuil, 1975. [Ed. bras.: *Roland Barthes por Roland Barthes*. São Paulo: Estação Liberdade, 2003.]

BÉNICHOU, P. A propos d'ordinateurs. Note sur l'existence subjective. *Commentaire*, n.19,1982.

_____. *L'Écrivain et ses travaux*. Paris: Corti, 1967.

_____. *Le Sacre de l'écrivain*. Paris: Corti, 1973.

_____. *Le Temps des prophètes*. Paris: Gallimard, 1977.

_____. *Morales du grand siècle*. Paris: Gallimard, 1948; reed. 1980.

_____. Poétique et métaphysique dans trois sonnets de Mallarmé. In: MARION, J.-L. (Org.). *La Passion de la raison*. Paris: PUF, 1983.

_____. Réflexions sur la critique littéraire. In: FUMAROLI, M. (Ed.). *Le Statut de la littérature*. Genebra: Librairie Droz, 1982.

BLANCHOT, M. *L'Amitié*. Paris: Gallimard, 1971.

_____. *La Part du feu*. Paris: Gallimard, 1949. [Ed. bras.: *A parte do fogo*. Trad. Ana Maria Scherer. Rio de Janeiro: Rocco, 2011.]

_____. *Lautréamont et Sade*. Paris: Éd. de Minuit, 1963; reed. cool. 10/18, 1967. [Ed. bras.: *Lautreamont e Sade*. Trad. Éclair Antonio Almeida Filho. São Paulo: Lumme Editor, 2014.]

_____. *Le Livre à venir*. Paris: Gallimard, 1959. [Ed. bras.: *O livro por vir*. São Paulo: WMF Martins Fontes, 2005.]

_____. *L'Entretien infini*. Paris: Gallimard, 1969. [Ed. bras.: *A conversa infinita*. v.1 – A palavra plural, 2001; v.2 – A experiência limite, 2007; v.3 – A ausência de livro, 2010. São Paulo: Escuta.]

Crítica da crítica

BLANCHOT, M. *L'Espace littéraire*. Paris: Gallimard, 1955. [Ed. bras.: *O espaço literário*. Trad. Álvaro Cabral. Rio de Janeiro: Rocco, 2011.]

BLOCH, M. *Apologie pour l'histoire ou Métier d'historien*. Paris: A. Colin, 1949. [Ed. bras.: *Apologia da História ou O ofício do historiador*. Rio de Janeiro: Jorge Zahar, 2001.]

BOECKH, A. *Encyclopädie und Methodologie der philologischen Wissenschaften*. Leipzig, 1886.

BRECHT, B. Gesammelte Werke, t.VII, *Schriften I, Zum Theater*, Frankfurt, 1963. [Ed. franc.: *Écrits sur le théâtre*. Paris: L'Arche. t.I, 1972; t.II, 1979.]

_____. Gesammelte Werke, t.VIII, *Schriften II, Zur Literatur und Kunst, Politik und Gesellschaft*. Frankfurt, 1967. [Ed. franc.: *Écrits sur la littérature et l'art*. I, *Sur le cinéma*. Paris: L'Arche, 1970.]

BRIK, O. Zvukovye povtory [As repetições de sons]. In: *Poètika*. Petrogrado: [s.n.], 1919.

CHKLÓVSKI, V. Iskusstvo kak priëm. In: _____. *Teorija prozy*. Moscou: [s.n.], 1929. [Ed. franc.: L'art comme procédé. In: *Théorie de la littérature*. Paris: Éd. du Seuil, 1965.] [Ed. bras.: A arte como procedimento. In: *Teoria da literatura*: textos dos formalistas russos. São Paulo: Editora Unesp, 2013.]

_____. O poèzii i zaumnom jazyke [Poesia e linguagem transmental]. In: *Sborniki po teorii poèticheskogo jazyka*. São Petersburgo: [s.n.], 1916.

_____. Potebnja. In: *Poètika*. Petrogrado: [s.n.], 1919.

_____. *Sur la théorie de la prose*. Lausanne: [s.n.], 1973.

_____. Svjaz' priëmov sjuzhetoslozhenija s obshchimi priëmami stilja. In: _____. *Teorija prozy*. Moscou: [s.n.], 1929. [Ed. franc.: Rapports entre procédés d'affabulation et procédés généraux du style. In: _____. *Sur la théorie de la prose*. Lausanne: [s.n.], 1973.]

_____. *Tretja fabrika* [A terceira fábrica]. Moscou: [s.n.], 1926.

_____. Voskreshenie slova [A ressurreição da palavra]. In: *Texte der russischen Formalisten*. t.II. Munique: [s.n.], 1972.

CONTAT, M.; RYBALKA, M. Un entretien avec Jean-Paul Sartre. *Le Monde*, 14 maio 1971.

CRITIQUE. Maurice Blanchot. Numéro spécial de la revue *Critique*, n.229, juin 1966.

DÖBLIN, A. Der Bau des epischen Werks. In: _____. *Aufsätze zur Literatur.* Olten und Freiburg im Br.: [s.n.], 1963. [Ed. franc.: La structure de l'oeuvre épique. *Obliques*, n.6-7, 1976 (numéro consacré à *l'Expressionnisme allemand*).]

_____. Schriftstellerei und Dichtung. In: _____. *Aufsätze zur Literatur.* Olten und Freiburg im Br.: [s.n.], 1963.

DOSTOIÉVSKI, F. *Dnevnik pisatelja za 1873 god, Polnoe sobranie sochinenij*, t.XXI, Moscou, 1980. [Ed. franc.: *Journal d'un écrivain.* Paris: Gallimard, 1951 [1873].]

EICHENBAUM, B. Kak sdelana *Shinel'* Gogolja. In: *Poètika.* Petrogrado: [s.n.], 1919. [Ed. franc.: Comment est fait *le Manteau* de Gogol. In: *Théorie de la littérature.* Paris: Éd. du Seuil, 1965.] [Ed. bras.: Como foi feito *O capote*, de Gógol. In: *Teoria da literatura*: textos dos formalistas russos. São Paulo: Editora Unesp, 2013.]

_____. *Moj vremennik* [Meu periódico]. Leningrado: [s.n.], 1929.

_____. Teorija formal'nogo metoda. In: _____. *Literatura.* Leningrado: [s.n.], 1927. [Ed. franc.: La théorie de la méthode formelle. In: *Théorie de la littérature.* Paris: Éd. du Seuil, 1965.] [Ed. bras.: A teoria do "método formal". In: *Teoria da literatura*: textos dos formalistas russos. São Paulo: Editora Unesp, 2013.]

FERRY, L.; RENAULT, A. Philosopher après la fin de la philosophie? *Le Débat*, n.28, 1984.

FRYE, N. *Anatomy of criticism.* Princeton: [s.n.], 1957. [Ed. franc.: *Anatomie de la critique.* Paris: Gallimard, 1969.] [Ed. bras.: *Anatomia da crítica.* São Paulo: É Realizações, 2014.]

_____. *Creation and recreation.* Toronto: [s.n.], 1980.

_____. *Fables of identity*: studies in poetic mythology. New York: [s.n.], 1963. [Ed. bras.: *Fábulas de identidade.* São Paulo: Nova Alexandria, 2000.]

_____. *Fearful symmetry:* a study of William Blake. Princeton: [s.n.], 1947.

FRYE, N. Literature and myth. In: THORPE, J. (Ed.). *Relations of literary studies*. Nova York: [s.n], 1967. [Ed. franc.: Littérature et mythe. *Poétique*, n.8, 1971.]

_____. Literature as a critique of pure reason. Conférence inédite, septembre, 1982.

_____. *Spiritus Mundi*: essays on literature, myth, and society. Bloomington: [s.n.], 1976.

_____. *The critical path*: an essay on the social context of literary criticism. Bloomington: [s.n.], 1971. [Ed. bras.: *O caminho crítico*. São Paulo: Perspectiva, 1973.]

_____. *The educated imagination*. Toronto, 1963. [Ed. franc.: *Pouvoirs de l'imagination*. Montreal: [s.n.], 1969.]

_____. *The Great Code:* the Bible and literature. Nova York: [s.n.], 1982. [Ed. franc.: *Le Grand Code*. Paris: Éd. du Seuil, 1984.] [Ed. bras: *O Código dos códigos*: a Bíblia e a literatura. São Paulo: Boitempo, 2004.]

_____. *The modern century*. Toronto: [s.n.], 1967. [Ed. franc.: *La Culture face aux médias*. Montreal: [s.n.], 1968; Mame: [s.n.], 1969.]

_____. *The stubborn structure*: essays on criticism and society. Londres: [s.n.], 1970.

_____. *The well-tempered critic*. Bloomington: [s.n.], 1963.

GOODY, J.; WATT, I. The consequences of literacy. *Comparative studies in society and history*, n.5, 1963; reed. in: GOODY, J. (Ed.). *Literacy in traditional societies*. Cambridge: [s.n.], 1968.

JAKOBSON, R. Co je poesie? *Volné směry*, n.30, 1933-1934. [Ed. franc.: Qu'est-ce que la poésie? In: _____. *Questions de poétique*. Paris: Éd. du Seuil, 1973.]

_____. Grammatical parallelism and its russian facet. *Language*, n.42, 1966. [Ed. franc.: Le parallélisme grammatical et ses aspects russes. In: _____. *Questions de poétique*. Paris: Éd. du Seuil, 1973.]

_____. Linguistics and poetics. In: SEBEOK, T. A. (Ed.). *Style in language*. Nova York: [s.n.], 1960. [Ed. franc.: Linguistique et poétique. In: _____. *Essais de linguistique générale*. Paris: Éd. de Minuit, 1963.]

Tzvetan Todorov

JAKOBSON, R. Nachwort. In: _____. *Form und Sinn*. Munique: [s.n.], 1974.]

_____. *Novejshaja russkaja poèzija*. Praga: [s.n.], 1921. [Ed. franc. (fragmentos): La nouvelle poésie russe. In: _____. *Questions de poétique*. Paris: Éd. du Seuil, 1973.]

JOLLES, A. *Formes simples*. Paris: Éd. du Seuil, 1972.

KRUSZEWSKI, N. *Ocherk nauki o jazyke* [Esboço da ciência da linguagem]. Kazan: [s.n.], 1883.

LANSON, G. *Essais de méthode, de critique et d'histoire littéraire*. Paris: Hachette, 1965.

MEDVEDEV, P. N.; BAKHTIN, M. *Formal'nyj metod v literaturovedenii* [O método formal nos estudos literários]. Leningrado: [s.n.], 1928.

MIERAU, F. *Erfindung und Korrektur*: Tretjakows Aesthetik der Operativität. Berlim: Akademie-Verlag, 1976.

MORITZ, K. P. *Schriften zur Aesthetik und Poetik*. Tubinga: [s.n.], 1962.

PRÉTEXTE: Roland Barthes, Colloque de Cerisy, coll. 10/18, 1978.

ROUSSEAU, J.-J. Ébauches des Confessions. *Oeuvres complètes*. t.I. Paris: Gallimard, 1959, coll. La Pléiade; reed. 1976.

SAINT AUGUSTIN. *La Doctrine chrétienne (Oeuvres*, t. XI). Paris: Desclée De Brouwer, 1949.

SARTRE, J.-P. *Baudelaire*. Paris: Gallimard, 1947; reed. 1963.

_____. *Les Mots*. Paris: Gallimard, 1963. [Ed. bras.: *As palavras*. Rio de Janeiro: Nova Fronteira, 2005.]

_____. *L'Idiot de la famille*. Paris: Gallimard, t. I e II, 1971; t. III, 1972. [Ed. bras.: *O idiota da família*. v.I. Trad. Julia da Rosa Simões. Porto Alegre: L&PM, 2013.]

_____. *Qu'est-ce que la littérature?* Paris: Gallimard, 1948; reed. 1969. [Ed. bras.: *O que é literatura?* São Paulo: Ática, 1993.]

_____. *Saint Genet*. Paris: Gallimard, 1952. [Ed. bras.: *Saint Genet*: ator e mártir. Petrópolis: Vozes, 2002.]

_____. *Situations I*. Paris: Gallimard, 1947. [Ed. bras.: *Situações 1* — Críticas Literárias. Trad. Cristina Prado. São Paulo: Cosac Naify, 2006.]

Crítica da crítica

SCHELLING, F. W. J. *Philosophie der Kunst, Sämmtliche Werke*. t.V. Stuttgart et Augsburg: [s.n.], 1859.

SCHLEGEL, A. W. *Vorlesungen über schöne Literatur und Kunst*. t.I, *Die Kunstlehre*. Stuttgart: [s.n.], 1963.

SCHLEGEL, F. Fragments critiques. In: LACOUE-LABARTHE, P.; NANCY, J.-L. (Eds.). *L'Absolu littéraire*. Paris: Éd. du Seuil, 1978.

SPINOZA, B. *Traité théologico-politique*. Paris: Garnier-Flammarion, 1965. [Ed. bras.: *Tratado teológico-político*. Tradução, introdução e notas de Diogo Pires Aurélio. São Paulo: Martins Fontes, 2003.]

TODOROV, T. *Introduction à la littérature fantastique*. Paris: Éd. du Seuil, 1970. [Ed. bras.: *Introdução à literatura fantástica*. Trad. Maria Clara Correa Castello. São Paulo: Perspectiva, 2008. Col. Debates, 98.]

_____. *Mikhaïl Bakhtine le principe dialogique*. Paris: Éd. du Seuil, 1981.

_____. *Symbolisme et interprétation*. Paris: Éd. du Seuil, 1978. [Ed. bras.: *Simbolismo e interpretação*. Trad. Nicia Adan Bonatti. São Paulo: Editora Unesp, 2014.]

_____. *Théories du symbole*. Paris: Éd. du Seuil, 1977. [Ed. bras.: *Teorias do símbolo*. Trad. Roberto Leal Ferreira. São Paulo: Editora Unesp, 2014.]

TOMACHEVSKI, B. *Teorija literatury. Poètika*. Moscou: [s.n.], 1927. [Ed. franc. (extraits): Thématique. In: *Théorie de la littérature*. Paris: Éd. du Seuil, 1965.] [Ed. bras.: Temática. In: *Teoria da literatura*: textos dos formalistas russos. São Paulo: Editora Unesp, 2013.]

TRETIAKOV, S. *Dans le front gauche de l'art*. Paris: Maspero, 1977.

TYNIANOV, J. Literaturnyj fakt. In: _____. *Arkhaisty i novatory*. Leningrado: [s.n.], 1929. [Ed. franc.: Le fait littéraire. *Manteia*, n.9-10, 1970.]

_____. O literaturnoj èvoljucii. In: _____. *Arkhaisty i novatory*. Leningrado: [s.n.], 1929. [Ed. franc. De l'évolution littéraire. In: *Théorie de la littérature*. Paris: Éd. du Seuil, 1965.] [Ed. bras.: Da evolução literária. In: *Teoria da literatura*: textos dos formalistas russos. São Paulo: Editora Unesp, 2013.]

VOLOCHINOV, V.; BAKHTIN, M. *Frejdizm*. Moscou-Leningrado: [s.n.], 1927. [Ed. franc.: *Le Freudisme*. Lausanne: [s.n.], 1980.]

[Ed. bras.: *O freudismo*. Trad. Paulo Bezerra. São Paulo: Perspectiva, 2009.]

_____. *Marksizm i filosofija jazyka*. Leningrado: [s.n.], 1929. [Ed. franc.: *Le Marxisme et la philosophie du langage*. Paris: Éd. de Minuit, 1977. [Ed. bras.: *Marxismo e filosofia da linguagem*. São Paulo: Hucitec, 2009.]

YAKUBINSKY, L. O poèticheskom glossemosochetanii [Sobre a combinação glossemática poética]. In: *Poètika*. Petrogrado: [s.n.], 1919.

_____. O zvukakh stikhotvornogo jazyka [Sons da língua versificada]. In: *Sborniki po teorii poèticheskogo jazyka*. São Petersburgo: [s.n.], 1916.

WATT, I. *Conrad in the nineteenth century*. Londres: [s.n.], 1980.

_____. Flat-footed and fly-blown: The realities of realism. Conférence inédite, mars 1978.

_____. Literature and society. In: WILSON, R. (Ed.). *The arts in society*. Englewood Cliffs, N. J.: [s.n.], 1964.

_____. On not attempting to be a piano. *Profession*, n.78, Nova York, 1978.

_____. Serious reflections on *The rise of the novel*. *Novel*, n.1, 1968.

_____. Story and idea in Conrad's *The shadow-line*. *The Critical Quarterly*, n.2, 1960. Vide também SHORER, M. (Ed.). *Modern British fiction*. Nova York: [s.n.], 1961.

_____. The first paragraph of *The ambassodors*. *Essays in Criticism*, n.10, 1960. [Ed. franc.: Le premier paragraphe *des Ambassadeurs*. *Poétique*, n.34, 1978.]

_____. *The rise of the novel*: studies in Defoe, Richardson and Fielding. Londres: [s.n.], 1957. [Ed. franc. du premier chapitre, Réalisme et forme romanesque. *Poétique*, n.16, 1973; reed. in: BARTHES, R. et al. *Littérature et réalité*. Paris: Éd. du Seuil, 1982.] [Ed. bras.: *A ascensão do romance*. São Paulo: Companhia de Bolso, 2010.]

SOBRE O LIVRO

Formato: 14 x 21 cm
Mancha: 23 x 44 paicas
Tipologia: Venetian 301 12,5/16
Papel: Off-white 80 g/m² (miolo)
Cartão Supremo 250 g/m² (capa)
1ª *edição*: 2015

EQUIPE DE REALIZAÇÃO

Edição de texto
Nair Hitomi Kayo (Copidesque)
Mauricio Santana (Revisão)

Capa
Estúdio Bogari

Editoração eletrônica
Eduardo Seiji Seki

Assistência editorial
Jennifer Rangel de França